Little Red Book
of
Spelling

By the same author

Little Red Book Series

Little Red Book of Slang-Chat Room Slang	Little Red Book of Synonyms
Little Red Book of English Vocabulary Today	Little Red Book of Antonyms
	Little Red Book of Common Errors
Little Red Book of Grammar Made Easy	Little Red Book of Letter Writing
Little Red Book of English Proverbs	Little Red Book of Essay Writing
Little Red Book of Prepositions	Little Red Book of Word Fact
Little Red Book of Idioms and Phrases	Little Red Book of Language Checklist
Little Red Book of Effective Speaking Skills	Little Red Book of Perfect Written English
Little Red Book of Phrasal Verbs	Little Red Book of Punctuation
Little Red Book of Euphemisms	Little Red Book of Reading and Listening
Little Red Book of Word Power	Little Red Book of A Child's First Dictionary
Little Red Book of Modern Writing Skills	

A2Z Book Series

A2Z Quiz Book	A2Z Book of Word Origins

Others

The Book of Fun Facts	The Book of Motivation
The Book of More Fun Facts	Read Write Right: Common Errors in English
The Book of Firsts and Lasts	The Students' Companion
The Book of Virtues	
World Facts Finder	

Fun Facts: Science	Fun with Maths
Fun Facts: Animals	Fun with Numbers
Fun Facts: India	Fun with Puzzles
Fun Facts: Nature	Fun with Riddles

Little Red Book *of* Spelling

Terry O'Brien

RUPA

Published by
Rupa Publications India Pvt. Ltd 2012
7/16, Ansari Road, Daryaganj
New Delhi 110002

Sales centres:
Allahabad Bengaluru Chennai
Hyderabad Jaipur Kathmandu
Kolkata Mumbai

Copyright © Terry O'Brien 2012

All rights reserved.
No part of this publication may be reproduced, transmitted, or stored in a retrieval system, in any form or by any means, electronic, mechanical, photocopying, recording or otherwise, without the prior permission of the publisher.

ISBN: 978-81-291-2105-9

Third impression 2017

10 9 8 7 6 5 4 3

The moral right of the author has been asserted.

Typeset by Innovative Processors, New Delhi.

Printed at Tara Art Printers Pvt. Ltd., Noida

This book is sold subject to the condition that it shall not, by way of trade or otherwise, be lent, resold, hired out, or otherwise circulated, without the publisher's prior consent, in any form of binding or cover other than that in which it is published.

*I dedicate this book to late Prof. A.P. O'Brien,
my father, friend, guide and mentor, who
inspired me to the canon of excellence:
re-imagining what's essential*

PREFACE

Why is Spelling important? Spelling also known as ORTHOGRAPHY in English is certainly not easy. Unlike with many other languages, it is often difficult to guess spellings from the way a word sounds. However, learning to spell well is important for good communication:

- ☞ If you are a confident speller, you will be able to read and understand written material easily and efficiently.
- ☞ Reading will probably be more fun, so you can read more. As a result, your reading, spelling and writing are likely to improve.
- ☞ If your writing is full of spelling mistakes, other people may find it hard to understand.

Everyone who has difficulty with spelling words correctly can derive some comfort from knowing that some very good writers have been notoriously bad spellers. It's also comforting to bad spellers to know that this business of spelling seems to have little to do with intelligence. It has more to do with how we remember things. Some people, once they've seen a word spelled correctly, will never misspell that word again. Those are the people who, if you ask them how to spell a word, will first say, "Wait a second. Let me write it down." If you are not a strong visual learner, but learn in other ways, you will have to learn some other tricks to become a strong speller.

Rudiments *Spelling*

An Excuse for bad spelling

Writing with modern word-processors has changed the game of spelling somewhat, but not entirely. Spell-checkers are capable of discovering misspelled words for us — sometimes even as we write them — and most of them will suggest alternative spellings. Very good spell-checkers are even capable of asking whether we've confused a correctly spelled word with another word (e.g., we've used the word "they're," but do we really mean "their"?). Studies show, however, that papers written with the help of a spell-checker are only slightly better than papers written without a word-processor. The reason seems to be that a word-processor makes our text look so professional that we're apt to overlook misspelled words. Never blame a spell-checker for failing to catch a misspelled word in your paper. That is your responsibility! Perhaps the best we can say about spell-checkers is that they've taken away another excuse for bad spelling!

Using The Dictionary

Now we have online use of a Dictionary. For the purposes of checking your spelling, however, a small pocket dictionary will probably suffice. Small but powerful (and rather expensive) digital dictionaries are also available, and they make looking up words more fun. The important thing about owning any kind of dictionary, though, is that you must have it immediately at hand when you are writing. Putting the dictionary on a shelf doesn't do much good.

Using Mnemonics

Mnemonics: These are the little memory devices you can use to remember how to spell words. Geography students will remember the mnemonics:

GEOGRAPHY:
George Eliot's Old Grandfather Rode A Pig Home Yesterday.

Coming up with mnemonics to help you remember things is a device you probably use in other studies all the time. Extend the habit into your personal mission to improve spelling. Be as inventive as you wish and have fun with the idea. It will pay off in the long run.

Homonyms and Plurals

Homonyms are words that sound alike or nearly alike but have different meanings and different spellings: potable-portable; affect-effect, they're-their-there, the list goes on and on. There are also **NOTORIOUS CONFUSABLES**!

Sounding It Out

Writers who try to rely too completely on the sound of English words for hints on how to spell often have trouble with some of the peculiar sound-spell combinations in the language. One apocryphal (apokrifil?) story tells about a girl who, when asked to spell "fish," wrote GHOT on the chalkboard. It makes perfect sense, of course, if it's the same "gh" we see in *cough*, the same "o" we hear in *women*, and the same "t" we hear in *nation*. A thorough acquaintance with prefixes and endings and roots will help some, and studying the way words are broken down into sound units will help also.

It also helps to pronounce words correctly in the first place. It's hard to spell *strictly* unless we hear that "t" in the word; and the words *February* and *library* must retain their first "r." If we try to change the noun *accident* into an adverb, we'll end up with *accidently*, which is a really bad accident but is how many people say the word. Try, instead, to change the adjective *accidental* into an adverb:*accidentally*. (The same goes for incident<u>ally</u> and coincident<u>ally</u>.)

The ability to sound things out correctly doesn't help us much with *Wednesday*, though, especially with the inexplicable American pronunciation which puts an "nz" sound before the "d." And words like *often* and *handsome*, in which the "t" and "d" sounds have disappeared (at least in the U.S.), continue to defy phonetic spellers (fonetik spelurz). American author Mark Twain was keenly interested in the simplification of English spelling in his little essay called **"A Plan for the Simplification of English Spelling."**

British Spellings

Writers who grow up in England, Canada, the Barbados, or any place where spelling habits conform to British preferences will be perplexed when the word *colour* comes back from an American instructor with a slash mark through the *u*. When Noah Webster started putting his dictionary together, he thought it would be a good idea to simplify some English spelling and that *-our* was one ending that the Americans could do without. Standard American spelling, ever since then, has been sometimes different from British, and it extends to other words as well. A good dictionary, even a good American dictionary, should account for these differences. Instructors should also be equipped to account for them, if not to allow for them.

American Spelling	British Spelling
Canceled	Cancelled
Center	Centre
Check	Cheque
Color	Colour
Criticize	Criticise
Gray	Grey
Humor	Humour
Judgment	Judgement
Labor	Labour
License	Licence
Realize	Realise
Theater	Theatre
Tire	Tyre
Valor	Valour

Rule #1: "I before E except after C":

This rule, designed to help us remember how to spell words such as *receive* and *chief*, seems so promising in its simplicity at first.

- achieve, believe, bier, brief, hygiene, grief, thief, friend, grieve, chief, fiend, patience, pierce, priest
- ceiling, conceive, deceive, perceive, receipt, receive, deceit, conceit

But then things get complicated: it doesn't work with words pronounced "ay" as in *neighbor, freight, beige, sleigh, weight, vein,* and *weigh* and there are many exceptions to the rule: *either, neither, feint, foreign, forfeit, height, leisure, weird, seize,* and *seizure.*

Still, the rule is relatively simple and worth remembering.

Rule #2: "Dropping Final E"

When adding an ending to a word that ends with a silent *e*, drop the final *e* if the ending begins with a vowel:

- advancing
- surprising

However, if the ending begins with a consonant, keep the final *e*:

- advancement
- likeness

(However, if the silent *e* is preceded by another vowel, drop the *e* when adding any ending: *argument, argued, truly.*)

Exceptions: To avoid confusion and mispronunciation, the final *e* is kept in words such as *mileage* and words where the final *e* is preceded by a soft *g* or *c*: changeable, courageous, manageable, management, noticeable. (The word *management*, for example, without that *e* after the *g*, would be pronounced with a hard *g* sound.)

Rule #3: "Dropping Final Y"

When adding an ending to a word that ends with *y*, change the *y* to *i* when it is preceded by a consonant.

- *supply* becomes *supplies*
- *worry* becomes *worried*
- *merry* becomes *merrier*

This does not apply to the ending *-ing*, however:

- crying
- studying

Nor does it apply when the final *y* is preceded by a vowel:

- obeyed
- saying

Rule #4: "Doubling Final Consonants"

When adding an ending to a word that ends in a consonant, we double that consonant in many situations. First, we have to determine the number of syllables in the word.

Double the final consonant before adding an ending that begins with a vowel when the last syllable of the word is accented and that syllable ends in a single vowel followed by a single consonant.

- **submit** is accented on the last syllable and the final consonant is preceded by a vowel, so we double the *t* before adding, for instance, an *-ing* or *-ed*: *submitting, submitted*.
- **flap** contains only one syllable which means that it is always accented. Again, the last consonant is preceded by a vowel, so we double it before adding, for instance, an *-ing* or *-ed*: *flapping, flapped*. This rule does not apply to verbs that end with "x," "w," "v," and "y," consonants that cannot be doubled (such as "box" [boxing] and "snow" [snowing]).

- **open** contains two syllables and the last syllable is preceded by a single vowel, but the accent falls on the first syllable, not the last syllable, so we don't double the *n* before adding an ending: *opening, opened*.
- **refer** contains two syllables and the accent falls on the last syllable and a single vowel precedes the final consonant, so we will double the *r* before adding an ending, as in *referring, referral*. The same would apply to *begin*, as in *beginner, beginning*.
- **relent** contains two syllables, but the final consonant is preceded by another consonant, not a vowel, so we do not double the *t* before adding an ending: *relented, relenting*.
- **deal** looks like *flap* (above), but the syllable ends in a consonant preceded not by a single vowel, but by two vowels, so we do not double the final *l* as in *dealer* and *dealing*. The same would apply, then, to *despair*: despairing, despaired.

Rule #5: "Adding Prefixes"

Generally, adding a prefix to a word does not change its spelling. For some reason, the word *misspelling* is one of the most often misspelled words in English: **Compound Nouns and Modifiers**.

- unnecessary, dissatisfied, disinterested, misinform

Working on Your Spelling

Improving your spelling skills is largely a matter of personal commitment: looking up a word you're not sure of, keeping the dictionary at hand, keeping a list of words you know you have trouble with.

English Spelling Rules

Writing (and therefore spelling) is a representation of the spoken word. The spoken word is not a representation of writing. Because accents and pronunciation can change easily and quite quickly, whereas what is written in books and dictionaries remains "fixed" for years, as well as for various historical reasons, there is often little correspondence between spoken English (pronunciation) and written English (spelling). English spelling therefore often appears to be totally illogical. The following rules can help you to decode the mysteries of English spelling. But remember, even the best rules have their exceptions.

- Adding -er/-est
  quick, quicker, quickest, happy, happier, happiest, hot, hotter, hottest...
- Adding -ing/-ed
  work, working, worked, stop, stopping, stopped...
- Adding -ly
  loud, loudly, happy, happily, terrible, terribly...
- Adding -s
  dog, dogs, church, churches, wife, wives...
- -ible or -able
  accessible, visible, dependable, networkable...
- -ie- or -ei-
  friend, fiend, feint, freight...

American Spelling and British Spelling:
George Bernard Shaw once defined the British and Americans as two people separated by a common language. Not just in accent and vocabulary but in **spelling,** too, this is true.

"Like the spelling of 'honor' **versus** 'honour' **and** 'defense' **versus** 'defence; the use of one L versus two in certain positions in words is a sure sign of American English. Classic examples include American 'traveled,' 'jewelry,' 'counselor,' and 'woolen' versus British and Commonwealth 'travelled,' 'jewellery,' 'counsellor,' and 'woollen.' Yet American spelling may sometimes take two L's, not only in obvious cases like 'hall' but in 'controlled,' 'impelled.'

Commonly Misspelled Words

absence	category	either
accommodate	ceiling	embarrass
achieve	cemetery	environment
acquire	certain	equipped
across	chief	exaggerate
address	citizen	excellent
advertise	coming	except
advice	competition	exercise
among	convenience	existence
apparent	criticize	expect
argument	decide	experience
athlete	definite	experiment
awful	deposit	explanation
balance	describe	familiar
basically	desperate	fascinating
becoming	develop	finally
before	difference	foreign
beginning	dilemma	forty
believe	disappear	forward
benefit	disappoint	friend
breathe	discipline	fundamental
brilliant	does	generally
business	during	government
calendar	easily	grammar
careful	eight	guarantee

Part – I

Ways To Improve Spelling

A good way to learn spellings is to use the
- **Look**
- **Say**
- **Cover**
- **Write**

Check method:

Look at the word carefully.
Say the word aloud to yourself, listening to how it sounds.
Cover the word and try to remember what it looks like.
Write the word.

Check what you have written to see if you have got it right:

Try **breaking the word up into its syllables** and sound them out, pronouncing even the silent letters:

dictionary = dic + tion + ar+ y
Wednesday = Wed + nes + day
handkerchief = hand + ker+ chief
business = bus + i+ ness

Look for patterns and relations between words:

If there is a word you do not know how to spell, try to think of another word that is related to it, e.g. succeed/successful, govern/government.

Write words down to see if they look right. Often, if you write down the possible versions of a word, you will know which one is correct.

Read a lot. The more you read, the better you will become at noticing when a word is spelled wrongly.

Trying to **say:** If a word is spelled incorrectly, they may struggle to work out which word you meant if you are trying to persuade them to take your side in an argument; it may be more difficult to convince them. Poor spelling makes a piece of written work less appealing and less effective. Whether we like it or not, other people judge us on the way we write.

Although some people believe that spelling is not important and are not put off by mistakes in a piece of writing, many (if not most) people think that good spelling does matter.

Part – II

Spelling

(1) Some Useful Spelling Rules

1. (a) When a weak verb ends in a final consonant, except 'l', preceded by a short vowel the final consonant is not doubled to form the past tense, unless the accent falls on the last syllable:

budget	budgeted	Not budgetted
offer	offered	Not offerred
benefit	benefited	Not benefitted

   Nowadays the tendency is to spell even

   | focus | focused | Not focussed |
   | bias | biased | Not biassed |

   under the influence of this rule. The only exception:

   | worship | worshipped | Not worshiped |

   (b) If the accent does fall on the last syllable, the consonant is doubled:

occur	occurred	Not occured
transfer	transferred	Not transfered
begin	beginning	Not begining

   (c) If the final consonant is 'l', it is always doubled, with only one exception:

   | travel | travelled | Not traveled |
   | level | levelled | Not leveled |

   The exception is

   | parallel | | paralleled |

(d) Short monosyllables always double their final consonant:

shop   shopping   let   letting

2. 'ie' and 'ei'. The general rule is 'i' before 'e' except after 'c'.

siege	*but*	receive
believe		deceive
friends		ceiling

There are however several exceptions:

reign	neighbour	heir
seize	leisure	weird

3. 'dis' and 'mis'. Never double the 's' of these prefixes. When a second 's' occurs, it is the first letter of the next syllable:

dis-miss   but   dis-sent
mis-place   mis-spell

4. 'se' and 'ce' also 'sy' and 'cy'. When two words, verb and noun, are spelt much alike, 'se' and 'sy' are verb endings and 'ce' and 'cy' noun endings. So these are verbs:

license   practise   prophesy   advise

The following ar nouns::

licence   practice   prophecy   advice

But 'promise' is an exception.

The rule does not hold good when verb and noun are not spelt alike, so 'suspense' and 'hypocrisy' are nouns.

5. 'us' and 'ous'. Nouns end in 'us'. Adjectives end in 'ous':

phosphorus	}	jealous	}
census	} Nouns	unanimous	} Adjectives
genius	}	tremendous	}

6. The final 'e'

(a) When followed by 'ment'. Till recently the final 'e' was dropped from words ending in 'dge', e.g., 'judgemnt'. But now it is possible to say that the final 'e' need not be dropped before 'ment' and that you can write

    judgement and acknowledgement
    arrangement and advertisement

(b) when followed by 'able'. Always drop the final 'e'.

move	movable	*Not* moveable
like	likable	*Not* likable

Even 'salable' and 'ratable' are the only forms now. The exceptions are words ending in 'ge' or 'ce', when 'c' is retained to preserve the soft sound of the 'g' or 'c':

change	changeable	*Not* changable
peace	peaceable	*Not* peacable

(c) When followed by 'ous' or 'age' or 'ish', the rule is the same as in:

virtue	virtuous	mile	milage
			(occasionally still : mileage)
late	latish	blue	bluish
	but		
	courage		courageous

(d) When followed by 'ing'. The 'e' is always dropped, except when the final 'e' is preceded by a vowel with which it forms one sound, e.g.,

see	seeing	dye	dyeing

7. 'c' and 'ck'.
Words ending in 'c' take 'k' after the 'c' before adding 'ed' or 'ing', e.g.,

frolic	frolicked	mimic	mimicked

Little Red Book of Rudiments Spelling **17**

8. (a) The terminations 'ar', 'er', 'or', 'our', 're', 'ure', 'ur'. The pronunciation of these different terminations is often very similar. There is no rule to decide when to use one or another. The lists below give some common words ending in each of these terminations and these should be learnt by heart.

-ar

pillar	scholar	calendar	vicar
particular	solar	circular	peninsular (*adj.*)
pedlar	grammar	similar	altar
beggar			

-er

miner	robber	prisoner	farmer
traveller	summer	leather	meter
saddler	alter	manner	tiger
conjurer	clever	messenger	interpreter
-or conjuror	character	villager	

-or

minor	surveyor	governor	professor
impostor	actor	emperor	visitor
inventor	tailor	sailor	liquor
traitor	doctor	author	director
debtor	ancestor		

-our (common termination of abstract nouns)

endeavour	vigour	colour	candour
humour	rigour	ardour	demeanour
hour	valour		

-re

centre	sombre	metre	reconnoitre
massacre	calibre	sceptre	manoeuvre

-ure
leisure	agriculture	imposture	enclosure
signature	literature	nature	miniature
manufacture	venture		

-ur
murmur   sulphur   augur

Note also 'martyr'

(b) 'ceed' and 'cede'. There is no rule. Common words ending in these terminations are given below and one should add them to lists as they come across fresh examples.

-ceed
proceed   exceed   succeed

-cede
accede	precede	concede
intercede	secede	

Note the spelling of 'supersede'.

(c) So also with

-able
recognizable	implacable	advisable	manageable
agreeable	indispensable	acceptable	peaceable
liable	respectable	detestable	vegetable

-ible
responsible	divisible	accessible	repressible
feasible	forcible	permissible	contemptible
plausible			

(d) So also with

-al

cannibal	pedal	sandal	principal
material	medal	jackal	literal
gradual	canal	total	metal
menial	annual		

-le

cycle	middle	fickle	particle
ankle	obstacle	title	single
uncle	vehicle	muscle	mettle
paddle	noble	principle	

-el

| channel | label | level | jewel |
| parcel | nickel | panel | satchel |

Checklist

Stage 1

who	home	mine	rupee
why	light	yours	cloud
how	kite	poor	set
these	white	pour	chair
those	blue	eat	down
there	blew	heat	flew
where	green	neat	ink
were	queen	feat	paper
their	read	feet	pencil
air	red	ought	soap
hair	sky	caught	garden

care	buy	board	horse
deer	eyes	floor	spade
dear	nose	flower	use
here	fly	name	else
does	skin	rain	teeth
goes	yellow	game	coat
shoes	not	house	inch
would	knot	bath	flee
could	know	water	table
wood	knew	hockey	true
from	new	plate	match
whom	sign	window	though
plough	road	kithen	eat
cough	rode	bow	eight
through	rude	bough	twelve
threw	blood	curtain	ate
doctor	food	street	ear
picture			

Stage 2

weight	miner	suit	dusty
wait	minor	fruit	wolf
basin	sale	build	burn
night	sail	laugh	city
waist	girl	path	country
waste	preach	die	answer
beam	speech	dye	sometimes
week	one	goddess	seven
weak	won	nothing	carried
pane	own	happily	office
pain	steel	mice	money
plane	steal	young	heard

Little Red Book of Rudiments Spelling

plain	sea	noise	herd
again	saw	sick	acre
train	sore	thief	slept
minute	baron	priest	marry
pair	barren	wizard	clothes
pear	thought	riding	beautiful
year	bowl	absent	loaves
fairly	brought	birthday	hundred
sweat	made	meat	twice
mouth	maid	great	seen
flour	afraid	meet	whole
reader	lead	crore	hole
play	thrown	wait	needs
voice	throw	weight	friends
grand	wonder	might	field
key	wander	right	quick
powder	grown	write	every
sleep	gone	wrote	river
arrows	none	bitten	nonsense
asleep	done	written	reign
because	sun	touch	tent
should	son	such	until
apple	stood	each	axe
morning	finger	catch	thumb
cold	sense	near	letter
walk	sensible	bear	later
person	whether	bare	open
remember	weather	hear	giant
holiday	children	heir	all right
business	mother	ache	wash
bungalow	father	brake	duck

our	brother	break	knock
hour	live	piece	journey
said	leave	peace	little
dead	leaf	once	golden
woman	street	large	out

Stage 3

babies	metal	diary	obey
peacefully	judge	catalogue	view
recitation	discover	ceiling	courage
opinion	necessary	famous	principle
coming	wisdom	distance	principal
address	continue	neither	pair
particularly	wheat	eighth	clever
curious	express	honour	everybody
quality	soul	amount	forward
drawn	sole	require	ocean
born	sincerely	cricketer	sought
Friday	musical	thorough	present
Tuesday	cure	cricle	rough
Wednesday	examination	tongue	promise
Thursday	usual	evening	further
Saturday	towel	allowed	article
Sunday	played	aloud	handkerchiefs
Monday	enjoyed	really	tournament
loyally	separate	safely	telephone
truly	pleasant	prayers	aeroplane
roller	bone	blow	partner
wears	uncle	sitting	goodbye
goal	aunt	dinner	clothes

Little Red Book of Rudiments Spelling **23**

scorpion	above	boar	four
arrived	prove	Indian	pour
exempted	eyesight	dew	poor
superior	believe	due	fort
appear	receive	poetry	forty
appearance	learn	earth	remain
guide	turn	mountain	second
question	earn	death	preparation
government	colour	soldier	pence
prisoner	dangerous	shoulder	company
grammar	church	gentleman	certain
vacation	search	daughter	summer
easily	perch	travel	marriage
mean	general	several	together
meant	reason	course	bottom
scenery	square	coarse	surprise
dance	prayer	horse	quite
used	fear	hoarse	quiet
people	due	mistake	really
dirty	bridge	battle	ugly
thirty	elephant	island	carefully
hurt	quarrelled	treat	merciful
joke	quarrel	measure	foolish
thousand	happen	hockey	nursery
point	liquid	conquer	medicine
almost	freeze	captain	pedal
ground	feather	detained	paddle
fearful	during	running	severe
early	stamp	verandah	alert
among	straight		

Stage 4

throne	exist	juice	prepare
thrown	dense	gamble	repair
happiness	purity	biscuit	naught
idol	total	freight	rebellion
idle	province	autumn	rebel
feature	period	interfere	rebelled
committee	growth	release	secretary
telegraph	result	cinema	sieve
issue	failure	dissolve	cannibal
suspicious	lessen	exchange	auction
magic	lesson	bridge	traitor
magician	drunkard	fraction	treacherous
capsize	conscience	brief	proverb
leisure	conscious	punctual	misery
cousin	society	fidget	pension
extreme	stationary	powerful	attitude
pavilion	stationery	visitor	conflict
cement	junction	agreement	chose
complete	compound	agreeable	chosen
decimal	joint	descent	practice
recent	pause	decent	practise
puncture	inventor	disease	moment
source	physique	decease	hatred
feeble	notice	pursuit	frighten
seize	happened	pursue	skilful
siege	resourceful	persuade	employ
conqueror	inquire	deliver	wealthy
scent	across	breather	eager
relief	benefit	preserve	satisfy
relieved	benefited	whisper	descendant
dictionary	discover	fierce	message

Little Red Book of Rudiments Spelling **25**

luggage	quarter	lamb	deceive
juggler	o'clock	mourn	material
martyr	unite	morning	excellent
yacht	purpose	voyage	disappear
type	iron	religion	shepherd
indispensable	sword	minister	kingdom
activities	immediate	anxious	armour
theatre	pocket	anxiety	horizon
gymkhana	occupy	ankle	pillar
relation	character	choose	worshipped
sketching	opposite	nature	gradually
outlaw	companion	account	precious
wheel	attempt	receipt	indicate
prize	poison	succeed	chimney
creature	probable	successful	greet
struggle	cease	yield	grieve
describe	cheese	curtain	compass
fault	language	matches	independent
produce	recognize	calm	physical
accident	science	honest	fulfil
consider	christmas	custom	antelope
comfort	yesterday	dismount	percentage

Stage 5

servants	advise	traveller	cannon
programme	advice	sentry	grease
prophecy	saddler	counsel	embarrass
prophesy	pedlar	council	prevail
survivor	sailor	surgeon	atmosphere
sandal	beggar	liable	delivered
pneumonia	harass	humour	allowance
license	competitor	quotation	eskimo or

licence	proprietor	accessory	esquimau
measles	propeller	recoil	altar
cholera	impostor	boundary	alter
aerial	allay	eclipse	diverse
gauge	alley	sympathy	meadow
manura	woolen	antagonism	design
criticize	defendant	meagre	deficient
guarantee	gallery	vertical	exile
libel	morsel	article	survive
label	museum	drought	survivor
expense	realm	solemn	colony
unique	collapse	lettuce	burden
skeleton	scissors	syllable	graze
agency	draught	reconnaissance	ribbon
compact	poisonous	reconnoitre	array
abandon	current	develop	figure
scratch	currant	dispatch	buckle
conceited	problem	pigeon	stroll
defeated	circular	enclosure	pail
diameter	lieutenant	kerosene	serious
possession	breadth	suction	exhaust
subtle	reflection	permanent	intelligent
sentence	potato	temprary	beginning
mystery	treachery	civilized	establish
rogue	paralleled	invasion	crisis
tyranny	century	esteem	direction
ally	referee	prophet	uniform
disturb	impertinence	imminent	reverse
destiny	approach	tenant	cycle
attention	original	tariff	muscles
considerable	retaliate	rein	magnet

Little Red Book of Rudiments Spelling **27**

level	dispense	despise	magnate
naked	jealous	parent	conscientious
distort	creation	eastern	jewellery or
converse	resident	buried	jewelry
author	diminish	entrance	offered
cavalry	layer	portrait	decision
infantry	interior	nobility	judgement or
suspend	margin	omission	judgment
compression	straight	hourly	movable
region	vessel	energy	connexion
artillery	peculiar	gorge	accommodation
manoeuvre	rioting	collapse	convenience
musician	immense	vein	convenient
settle	eminent	central	disguise

Stage 6

separate	agreeable	convenience	mileage
skilful	pursuit	manoeuvre	inquire
fulfil	persuasion	yacht	decision
harass	indispensable	develop(ment)	conscientious
embarrass	accommodation	movable	benefited
budgeted	treacherous	extreme	scissors
offered	committee	hypocrisy	onventor
occurred	leisure	ancient	sulphur
transferred	lieutenant	disease	rogue
conceit	meant	pigeon	villain
anxiety	necessary	subtlety	lettuce
quarrelled	secrecy	impostor	exhaust
unparalleled	kerosene	pedlar	symmetry
beginning	gauge	traveller	suicide

Part – III

Lists of Words Difficult to Spell arranged according to Subject

(1) *Words used in mathematics*

mathematics	factorise
equation	zero
algebra	magnitude
algebraical	naught
formulae	simultaneous
indices	dimension
arithmetic	maund
percentage	commission
principal	succession
square	metric
cistern	miscellaneous
practice	approximation
recurring	exercises
denominator	quarter
decimal	equal
numerator	quotient
proportion	division
second	divisor
metre	subtraction
minute	ratio
article	multiply
premium	hypothesis
geometry	triangles

Little Red Book of Rudiments Spelling **29**

corollary	hypotenuse
coincide	isosceles
congruent	axis
scalene	acute
rectilineal	parallelogram
corresponding	obtuse
symmetrical	vertically
radii	equilibrium
hexagon	quadrilateral
radius	horizontal
ambiguous	supplementary
measurement	cyclic
conversely	theorem
diameter	vertex
theoretical	required
circumference	vertices
protractor	bisector
transversal	adjacent
concurrent	rhombus
oblique	enunciation
diagonal	circle
complementary	median

(2) *Words used in nature study*

Leaves	pigeon
chalk	surface
Pollen	seedling
flower	thorn
Calyx	pollination
hyrhochloric	starch

Sepal	transpiration
clayey	resin
Carbon dioxide	veins
humus	fungus
Oxygen	cells
germinate	respiration
Stamen	sugar
hydrogen	assimilation
Pistil	soluble
nitrogen	protoplasm
Invertebrate	muddy
kangaroo	osmosis
Mammals	filter
rabbit	porous
Amphibian	animals
wolves	dorsal
Carnivorous	insect
cotton	Gnawing
microscope	grain

(3) *Words used in science*

Opisometer	Archimedes
Oersted	ohm
Pipette	calipers
Ampere	Fahrenheit
divider	electroscope
Vernier	compass
beehive shelf	barometer
Kerosene	magnesium
ebonite	methylated

Little Red Book of Rudiments Spelling 31

potassium	manganese
anthracite	copper
phosphorous	alkali
lead	mercury
chlorate	aluminium
alcohol	sulphur
metre	circumference
volume	restored
centre	diametre
suspend	touch
possible	compare
apply	expansion
subtracted	accurately
heavier	precipitate
increase	difficult
similarly	level
carrier	mineral
displace	liquid
pillar	sheet
bulb	several
deliver	supporter
rays	scissors
filings	apparatus
diagram	weigh
lens	laboratory
thistle	surface
spectrum	cylinder
pour	dynamo
immersed	dispersion
total	connetion

column
separate
vacuum
position
leveling
bubble
electricity
positive
optical
piece
refraction
correction

noxious
figure
vapour
freezing
science
manipulate
repulsion
concave
process
convex
neutral
Burette

(4) Words used in geography

Arctic
Guinea
Antarctic
Europe
Siberia
Sweden
Amazon
Russia
Andes
Switzerland
Mediterranean
Greece
Guiana
Current
valley
torrid

Atlantic
Montreal
Egypt
Beijing
Britain
Buenos Aires
Australia
Belgium
Malay
Hawaii
Brazil
Pacific
Madagascar
peninsula
atmosphere
alluvium

delta	pressure
temperate	plateau
physical	barometer
solar	coastal
section	thermometer
lunar	dune
isotherm	oceanic
eclipse	plain
isohyets	insular
maritime	deposition
orbit	savanna
glacier	transportation
coniferous	stepper
erosion	contour
deciduous	prairie
denudation	tributary
season	Eskimo
weathering	Esquimau
cyclone	declination
canal	wheat
pastoral	irrigation
dairying	oats
agricultural	manufacture
machinery	coffee
woolen	commerce
tobacco	cocoa
cotton	economic
maize	barley
mineral	communication
industries	horizon

vegetable
Equatorial
population
Region
continent
Hemisphere

meridian
latitude
route
longitude
vertical

(5) *Words used in History*

Alexander
Britons
Megasthenes
Claudius
Seleukos
Harold
Maurya
Richard
Buddhism
James
Buddhist
William
Fa-Hien
Danes
Hiuen Tsang
Edward
Mohammed
Mary
Mohammedan
Philip
Humayun
Napoleon

Canning
Shakespeare
Scythian
Deccan
Dufferin
Greece
Dupleix
Ghazni
Vasco da Gama
Afghanistan
Augustine
Delhi
Canute
Plassey
Caesar
Danelaw
John
Britain
Confessor
Egypt
Portuguese
Spain

Little Red Book of Rudiments Spelling 35

Aurangzeb
Marlborough
Mahrattas or
Marathas
Boers
Disraeli
Cornwallis
Scotch
Wellesley
Scottish
Bentinck
Spanish
Ellenborough
Spaniards
Poitiers
beginning
Queen
career
Nawab
provisions
Secretary
administration
Governor
religion
Government
religious
Danegeld
rebelled
Executive
tariff

Charles
Crimea
Elizabeth
Ceylon
European
Salbai
Augustus
Vijayanagar
Charlemagne
Pataliputra
Christian
Assaye
Christianity
Quebec
cabinet
neutral
Protestants
honourable
Catholics
company
Puritans
commander
Witan
general
dominion
ancient
Renaissance
chouth
Reformation
troops

legislative	benefit(ed)
pillar	oppress
parliament	conqueror
statue	invasion
league	siege
soldier	plunder
majesty	seize
jizya	western
constitution	expedition
prisoner	province
municipal	cavalry
merchant	inscription
municipality	infantry
sepoy	annexation
assembly	artillery
ruler	proclamation
provincial	defeated
treaty	language
commission	tenants
peace	baron
committee	peasants
justice	minister
possession	revenue

Misspellers ✗ Spelling

Note:
A word in the right-hand column is more used and acceptable. For example *center, luster, honor* and *flavor* are **American spellings**. The **British** use **centre, lustre, honour** and **flavour**.

a

abacous	**abacus**
abridgment	**abridgement**
abridgible	**abridgeable**
absense	**absence**
absess	**abscess**
absorbtion	**absorption**
abstension	**abstention**
abstinance	**abstinence**
acadamy	**academy**
acceed	**accede**
acceptable	**acceptable**
accessable	**accessible**
accessary	**accessory**
accomodate	**accommodate**
acompaniment	**accompaniment**
acordian	**accordion**
accoustics	**acoustics**
accurecy	**accuracy**
acelerate	**accelerate**
acept	**accept**
acerage	**acreage**
acertain	**ascertain**
acessible	**accessible**
acheive	**achieve**
aclaim	**acclaim**
aclamation	**acclamation**
aclimate	**acclimate**
aclimation	**acclimation**
acnowledge	**acknowledge**
acomodate	**accommodate**
acompany	**accompany**
acomplish	**accomplish**

40 *Little Red Book of Misspellers Spelling*

acost	**accost**
acquital	**acquittal**
acquited	**acquitted**
acrue	**accrue**
acumulate	**accumulate**
acuracy	**accuracy**
acurate	**accurate**
acustom	**accustom**
adherant	**adherent**
admissable	**admissible**
admitance	**admittance**
adolescent	**adolescent**
adress	**address**
adversery	**adversary**
advertize	**advertise**
advisible	**advisable**
advize	**advise**
eon	**aeon**
affible	**affable**
affluance	**affluence**
afront	**affront**
aging	**ageing**
aggree	**agree**
agravate	**aggravate**
agregate	**aggregate**
agreived	**aggrieved**
agression	**aggression**
agressive	**aggressive**
airate	**aerate**
airial	**aerial**
acknowledgement	**acknowledgment**
akward	**awkward**
alege	**allege**

alegiance	**allegiance**
alegro	**allegro**
ailbeit	**albeit**
alledge	**allege**
allegience	**allegiance**
alloted	**allotted**
allott	**allot**
allottment	**allotment**
aloted	**allotted**
alottment	**allotment**
alright	**all right**
alude	**allude**
alure	**allure**
alusion	**allusion**
amature	**amateur**
ainbidexterous	**ambidextrous**
amoung	**among**
ampitheater	**amphitheatre**
anachronesm	**anachronism**
analisis	**analysis**
analist	**analyst**
analitic	**analytic**
analize	**analyse**
annoint	**anoint**
annuled	**annulled**
annuliment	**annulment**
anonamous	**anonymous**
antecedant	**antecedent**
anteceed	**antecede**
anuàl	**annual**
anuity	**annuity**
anull	**annul**

anulled	**annulled**
anulment	**annulment**
apall	**appall**
apearance	**appearance**
aplicable	**applicable**
apocalipse	**apocalypse**
apochryphal	**apocryphal**
appal	**appall**
appartrnent	**apartment**
appearence	**appearance**
apprize	**apprise**
approove	**approve**
apreciable	**appreciable**
apreciate	**appreciate**
aprehend	**apprehend**
aprehension	**apprehension**
aprise	**apprise**
aprove	**approve**
aquaduct	**aqueduct**
aquaintance	**acquaintance**
aquiescent	**acquiescent**
aquire	**acquire**
aquit	**acquit**
acquittal	**acquittal**
arange	**arrange**
argueable	**arguable**
arguement	**argument**
arival	**arrival**
arize	**arise**
arrise	**arise**
artisticly	**artistically**
asassin	**assassin**

Little Red Book of Misspellers Spelling 43

asbestus	**asbestos**
asemble	**assemble**
asertive	**assertive**
asess	**assess**
asist	**assist**
asistant	**assistant**
asociate	**associate**
assasin	**assassin**
assasinnate	**assassinate**
assesser	**assessor**
assistence	**assistance**
assistent	**assistant**
atendance	**attendance**
atendant	**attendant**
athalete	**athlete**
athaletic	**athletic**
atitude	**attitude**
attendence	**attendance**
attendent	**attendant**
attornies	**attorneys**
audable	**audible**
aukward	**awkward**
automoton	**automaton**
auxilliary	**auxiliary**
aviater	**aviator**
aweful	**awful**
awsome	**awesome**

b

babboon	**baboon**
bairly	**barely**

44 *Little Red Book of Misspellers Spelling*

balistics	**ballistics**
ballon	**balloon**
bannana	**banana**
barly	**barely**
barreness	**barrenness**
basoon	**bassoon**
batallion	**battalion**
batchelor	**bachelor**
begger	**beggar**
beginer	**beginner**
begining	**beginning**
beleivable	**believable**
beleive	**believe**
benafactor	**benefactor**
benefitted	**benefited**
benefitting	**benefiting**
benificial	**beneficial**
benifit	**benefit**
benifitted	**benefited**
beseige	**besiege**
bianual	**biannual**
biassed	**biased**
bicentenial	**bicentennial**
binocculars	**binoculars**
bivouaced	**bivouacked**
blamable	**blameable**
blouzy	**blowzy**
bludgon	**bludgeon**
bokay	**bouquet**
boney	**bony**
bookeeper	**bookkeeper**
boquet	**bouquet**
braggert	**braggart**

Little Red Book of Misspellers Spelling **45**

braught	**brought**
brazeness	**brazenness**
bredth	**breadth**
brocolli	**broccoli**
bucaneer	**buccaneer**
bucher	**butcher**
bufoon	**buffoon**
bugy	**buggy**
bureaucrasy	**bureaucracy**
burocracy	**bureaucracy**
burocrat	**bureaucrat**
busyer	**busier**
butiful	**beautiful**
bycicle	**bicycle**

c

caffiene	**caffeine**
cageyness	**caginess**
cagy	**cagey**
calasthenics	**calisthenics**
calender	**calendar**
caliber	**calibre**
callender	**calendar**
cancelation	**cancellation**
canceled	**cancelled**
canceling	**cancelling**
carmel	**caramel**
carniverous	**carnivorous**
carrage	**carriage**
carres	**caress**
category	**category**
catalist	**catalyst**

catalitic	**catalytic**
cataloged	**catalogued**
cataloging	**catalouging**
cattaract	**cataract**
celabrate	**celebrate**
celler	**cellar**
cematery	**cemetery**
centenial	**centennial**
center	**centre**
chagrinned	**chagrined**
challange	**challenge**
chancelery	**chancellery**
chancelor	**chancellor**
changible	**changeable**
charactaristic	**characteristic**
chastize	**chastise**
chaufeur	**chauffeur**
cheif	**chief**
chrysanthamum	**chrysanthemum**
cieling	**ceiling**
cigaret	**cigarette**
cinamon	**cinnamon**
circumcize	**circumcise**
clamor	**clamour**
clarinette	**clarinet**
clew	**clue**
cocoanut	**coconut**
codiene	**codeine**
coerceable	**coercible**
coincidently	**coincidentally**
collaborate	**collaborate**

Little Red Book of Misspellers Spelling 47

cold slaw	**cole slaw**
colicy	**colicky**
collectable	**collectible**
collecter	**collector**
collic	**colic**
colliseum	**coliseum**
colitis	**colitis**
colosal	**colossal**
colossas	**colossus**
color	**colour**
combattant	**combatant**
combustable	**combustible**
comemorate	**commemorate**
commendible	**commendable**
commentary	**commentary**
comentator	**commentator**
comitt	**commit**
comitted	**committed**
comittee	**committee**
comitment	**commitment**
comming	**coming**
commited	**committed**
comonness	**commonness**
comodity	**commodity**
compparison	**comparison**
comparible	**comparable**
comparetive	**comparative**
compatable	**compatible**
competation	**competition**
compeled	**compelled**
compeling	**compelling**
compell	**compel**

competant	**competent**
complection	**complexion**
comprehansible	**comprehensible**
comprize	**comprise**
compromize	**compromise**
comtroler	**comptroller**
conceede	**concede**
consensus	**consensus**
consciance	**conscience**
consciensious	**conscientious**
conciet	**conceit**
concieve	**conceive**
concciliatory	**conciliatory**
concious	**conscious**
concomittant	**concomitant**
concurance	**concurrence**
concured	**concurred**
concuring	**concurring**
concurr	**concur**
concurrance	**concurrence**
concurrant	**concurrent**
condescend	**condescend**
condecension	**condescension**
confectionary	**confectionery**
conference	**conference**
confered	**conferred**
confering	**conferring**
conferance	**conference**
confidance	**confidence**
conoisseur	**connoisseur**
conquerer	**conqueror**
consistant	**consistent**

conspikuous	**conspicuous**
contageon	**contagion**
contageous	**contagious**
contemptable	**contemptible**
contemptuous	**contemptuous**
contemtious	**contemptuous**
contractable	**contractible**
contributer	**contributor**
controled	**controlled**
controler	**controller**
controling	**controlling**
control	**control**
convalesent	**convalescent**
convenince	**convenience**
convenint	**convenient**
convertable	**convertible**
coly	**coolly**
copywright	**copyright**
cordoroy	**corduroy**
coridor	**corridor**
corobberate	**corroborate**
corrodible	**corrodible**
corugated	**corrugated**
corolary	**corollary**
corronry	**coronary**
corruptable	**corruptible**
counciled	**counseled**
councilor	**councillor**
counseled	**counselled**
counseling	**counselling**
counselor	**counsellor**

counterfit	**counterfeit**
couragious	**courageous**
courtecy	**courtesy**
crecendo	**crescendo**
crecent	**crescent**
credable	**credible**
chromiam	**chromium**
crystaline	**crystalline**
crystalize	**crystallise**
cubboard	**cupboard**
culinery	**culinary**
culpeble	**culpable**
curater	**curator**
curley	**curly**
courtious	**courteous**
curtsey	**courtesy**
curvacious	**curvaceous**
cushon	**cushion**

d

dabbler	**dabbler**
damagible	**damageable**
dayly	**daily**
debatable	**debatable**
decend	**descend**
deceive	**deceive**
defacit	**deficit**
defense	**defence**
defendent	**defendant**
defensable	**defensible**
deficeint	**deficient**
definately	**definitely**

definble	**definable**
delectible	**delectable**
demize	**demise**
demogogue	**demagogue**
demonstrabel	**demonstrable**
denominater	**denominator**
dependance	**dependence**
dependant	**dependent**
dependible	**dependable**
deplorabel	**deplorable**
depositer	**depositor**
derivetive	**derivative**
descendent	**descendant**
descriminate	**discriminate**
desguise	**disguise**
desireable	**desirable**
desparate	**desperate**
dispensible	**dispensable**
despize	**despise**
dessicated	**desiccated**
desollate	**desolate**
destrectible	**destructible**
detectible	**detectable**
deterant	**deterrent**
detered	**deterred**
deterence	**deterrence**
deterent	**deterrent**
detestible	**detestable**
developement	**development**
devide	**divide**
devine	**divine**
diagramatic	**diagrammatic**

52 Little Red Book of Misspellers Spelling

diagramed	**diagrammed**
dialisis	**dialysis**
diaphram	**diaphragm**
diarhea	**diarrhoea**
dictater	**dictator**
dictionery	**dictionary**
diference	**difference**
diferant	**different**
diffidance	**diffidence**
diffidant	**diffident**
diffidance	**diffidence**
diffidant	**diffident**
digëstable	**digestible**
dignitery	**dignitary**
dilema	**dilemma**
diletante	**dilettante**
diptheria	**diphtheria**
disadvantagous	**disadvantageous**
disapate	**dissipate**
disapper	**disappear**
disappont	**disppoint**
disappearence	**disappearance**
disaprove	**disapprove**
disasociate	**disassociate**
disasterous	**disastrous**
dissaticfy	**dissatisfy**
discernable	**discernible**
disciplinery	**disciplinary**
discouragible	**discourageable**
discreditabel	**discreditable**
discribe	**describe**
descripton	**description**

Little Red Book of Misspellers Spelling **53**

disect	**dissect**
dissembal	**dissemble**
disemminate	**disseminate**
disent	**dissent**
disentery	**dysentery**
disertation	**dissertation**
disfunction	**dysfunction**
disguize	**disguise**
disident	**dissident**
disimilar	**dissimilar**
disingenious	**disingenuous**
disippate	**dissipate**
dismissable	**dismissible**
dissociate	**dissociate**
disolute	**dissolute**
disolution	**dissolution**
disolve	**dissolve**
despare	**despair**
dispelled	**despelled**
dispell	**dispel**
dispensible	**dispensable**
dyspepsya	**dyspepsia**
dyspeptik	**dyspeptic**
despicabal	**despicable**
dispise	**despise**
disposess	**dispossess**
dissadvantage	**disadvantage**
dissagree	**disagree**
dissapate	**dissipate**
disapear	**disappear**
dissàpoint	**disappoint**
dissirrange	**disarrange**

54 *Little Red Book of Misspellers Spelling*

dissasemble	**disassemble**
dissasociate	**disassociate**
dissimular	**dissimilar**
disobedint	**disobedient**
disobay	**disobey**
dispell	**dispel**
distill	**distil**
distributer	**distributor**
destruktion	**destruction**
disuade	**dissuade**
divice	**device**
divesable	**divisible**
divise	**devise**
diviser	**divisor**
dominence	**dominance**
dominent	**dominant**
dominos	**dominoes**
doner	**donor**
donkies	**donkeys**
dosen't	**doesn't**
dreadnaught	**dreadnought**
drily	**dryly**
driness	**dryness**
drouth	**drought**
drowzy	**drowsy**
drunkeness	**drunkenness**
dryest	**driest**
duely	**duly**
dulerd	**dullard**
dumbffound	**dumfound**
dungen	**dungeon**
durible	**durable**
dysentary	**dysentery**

Little Red Book of Misspellers Spelling 55

e

eatabel	**eatable**
echos	**echoes**
ecstacy	**ecstasy**
edable	**edible**
educater	**educator**
effervess	**effervesce**
eficient	**efficient**
egis	**aegis**
egregous	**egregious**
eigth	**eighth**
electrolyses	**electrolysis**
electrolyze	**electrolyse**
elementery	**elementary**
elevater	**elevator**
elipse	**ellipse**
elegent	**elegant**
eligeble	**eligible**
embarass	**embarrass**
embarassment	**embarrassment**
embargos	**embargoes**
embarassed	**embarrassed**
embracible	**embraceable**
emigrent	**emigrant**
emigrat	**emigrate**
eminant	**eminent**
encouragible	**encourageable**
endurence	**endurance**
enforcible	**enforceable**
enquire	**inquire**
enroll	**enrol**

enterprize	**enterprise**
enthrall	**enthral**
entreprenur	**entrepreneur**
equiped	**equipped**
equipement	**equipment**
equitible	**equitable**
ernest	**earnest**
erodable	**erodible**
escalater	**escalator**
esophagous	**esophagus**
especialy	**especially**
esthete	**aesthete**
esthetic	**aesthetic**
estimible	**estimable**
etiquete	**etiquette**
evanesent	**evanescent**
evanessence	**evanescence**
eveness	**evenness**
eviscerate	**eviscerate**
evolutionery	**evolutionary**
execut	**execute**
exagerate	**exaggerate**
exaust	**exhaust**
exausteble	**exhaustible**
exaustion	**exhaustion**
exced	**exceed**
exceled	**excelled**
excellant	**excellent**
excell	**excel**
exhangible	**exchangeable**
excize	**excise**

excizion	**excision**
excellant	**excellent**
exercize	**exercise**
exhillerate	**exhilarate**
existance	**existence**
existant	**existent**
exorcizm	**exorcism**
expance	**expanse**
expansable	**expansible**
expedence	**expedience**
expedent	**expedient**
expeled	**expelled**
expeling	**expelling**
expell	**expel**
expence	**expense**
expendible	**expendable**
experiance	**experience**
expressable	**expressible**
exray	**X-ray or x-ray**
extasy	**ecstasy**
extatic	**ecstatic**
extention	**extension**
extoled	**extolled**
extoling	**extolling**
exuberanc	**exuberance**
exuberent	**exuberant**

f

fabricater	**fabricator**
fain	**feign**
fanaticly	**fanatically**

farenheit	**Fahrenheit**
fashism	**fascism**
faught	**fought**
fauset	**faucet**
fearce	**fierce**
fesible	**feasible**
Febuary	**February**
feend	**fiend**
fetich	**fetish**
filmaker	**filmmaker**
financeir	**financier**
firy	**fiery**
flagellate	**flagellate**
flavor	**flavour**
flexable	**flexible**
florish	**flourish**
flyer	**flier**
focussed	**focused**
focussing	**focusing**
forbear	**forebear**
forebid	**forbid**
foregive	**forgive**
forego	**forgo**
foregone	**forgone**
foreward	**forward**
forfit	**forfeit**
forfront	**forefront**
forhead	**forehead**
foriegn	**foreign**
formmidable	**formidable**
formost	**foremost**
forsight	**foresight**

forteen	**fourteen**
forwarn	**forewarn**
forword	**foreword**
fourty	**forty**
franchize	**franchise**
fratricide	**fratricide**
frend	**freind**
fricasee	**fricassee**
frolick	**frolic**
frolicksom	**frolicsome**
frought	**fraught**
fuchia	**fuchsia**
fued	**feud**
fulfil	**fulfill**
fulifihl	**fulfill**
fullsome	**fulsome**
fulness	**fullness**
funerial	**funeral**
fureous	**furious**
furey	**fury**
furrey	**furry**

g

gallivent	**gallivant**
gallopped	**galloped**
gallopping	**galloping**
garrullous	**garrulous**
gased	**gassed**
gasolin	**gasoline**
gasses	**gases**
gayety	**gaiety**
gailly	**gaily**

60 *Little Red Book of Misspellers Spelling*

geneology	**genealogy**
girafe	**giraffe**
gize	**guise**
glamor	**glamour**
glamourous	**glamorous**
godess	**goddess**
goodbies	**goodbyes**
gorgeus	**gorgeous**
gourmend	**gourmand**
gormet	**gourmet**
gorrila	**gorilla**
gosiped	**gossiped**
grammer	**grammar**
greaf	**grief**
greatful	**grateful**
greeness	**greenness**
greif	**grief**
greivance	**grievance**
greivous	**grievous**
grewsome	**gruesome**
gray	**grey**
grievious	**grievous**
gullable	**gullible**
gutturel	**guttural**

h

hairbrained	**harebrained**
hankerchief	**handkerchief**
hapfazard	**haphazard**
harangu	**harangue**
haras	**harass**
hazzard	**hazard**

Little Red Book of Misspellers Spelling **61**

hecktic	**hectic**
hefer	**heifer**
hierarchy	**hierarchy**
hieroglyphic	**hieroglyphic**
hectik	**hectic**
hemorrhage	**haemorrhage**
heinous	**heinous**
heracy	**heresy**
herbaceous	**herbaceous**
herbivorous	**herbivorous**
hereditery	**hereditary**
hieros	**heroes**
heterogineous	**heterogeneous**
hideus	**hideous**
higherarchy	**hierarchy**
hipocracy	**hypocrisy**
hipopotamous	**hippopotamus**
hite	**height**
holliday	**holiday**
homogenious	**homogeneous**
homly	**homely**
honor	**honour**
hopeing	**hoping**
horrable	**horrible**
hors d'urvre	**hors d'ouevre**
hospitible	**hospitable**
humor	**humour**
hygene	**hygiene**
hypocracy	**hypocrisy**

i

idiosyncrasy	**idiosyncracy**

illegibel	**illegible**
illiterecy	**illiteracy**
illiterete	**illiterate**
illumminate	**illuminate**
immacullate	**immaculate**
imaginery	**imaginary**
immediatly	**immediately**
immensaly	**immensely**
immigrent	**immigrant**
imigrate	**immigrate**
immencely	**immensely**
immoveable	**immovable**
impecable	**impeccable**
impeled	**impelled**
impeling	**impelling**
impenetrible	**impenetrable**
impetious	**impetuous**
implausable	**implausible**
imposter	**impostor**
impregnible	**impregnable**
impromptue	**impromptu**
improvidant	**improvident**
improvize	**improvise**
immunize	**immunise**
inaccesible	**inaccessible**
inacurate	**inaccurate**
inadmissable	**inadmissible**
inadvertant	**inadvertent**
inaudeble	**inaudible**
incence	**incense**
incidentaly	**incidentally**
incize	**incise**

incompatable	**incompatible**
incomprehensable	**incomprehensible**
inconsistant	**inconsistent**
inconspicous	**inconspicuous**
incorrigable	**incorrigible**
incredeble	**incredible**
incumbancy	**incumbency**
incumbant	**incumbent**
incured	**incurred**
incuring	**incurring**
indefatiguable	**indefatigable**
indefenseble	**indefensible**
indefinitly	**indefenintely**
indelibel	**indelible**
indiscrimnate	**indiscriminate**
indespensible	**indispensable**
indestructable	**indestructible**
indivisable	**indivisible**
indicater	**indicator**
indiginious	**indigenous**
indescribeble	**indescribable**
indivissible	**indivisible**
indomittable	**indomitable**
induceable	**inducible**
inedable	**inedible**
ineffablle	**ineffable**
ineficient	**inefficient**
inelegible	**ineligible**
inequitible	**inequitable**
inevitible	**inevitable**
inexhaustable	**inexhaustible**
inexcuseable	**inexcusable**

inexorabble	**inexorable**
infallable	**infallible**
inferance	**inference**
infered	**inferred**
infering	**inferring**
inflamable	**imflammable**
inflexibal	**inflexible**
inflexion	**inflection**
influancial	**influential**
ingredent	**ingredient**
inhabitble	**inhabitable**
inheriter	**inheritor**
inhospitible	**inhospitable**
inimitible	**inimitable**
innocense	**innocence**
inocculate	**inoculate**
inocent	**innocent**
inscrutible	**inscrutable**
inseperable	**inseparable**
insistance	**insistence**
insistant	**insistent**
install	**instal**
instalation	**installation**
instalment	**installment**
instill	**instil**
intangel	**intangle**
intelect	**intellect**
intelectual	**intellectual**
inteligence	**intelligence**
inteligent	**intelligent**
inteligentsia	**intelligentsia**
intension	**intention**

interceed	**intercede**
interchangible	**interchangeable**
interferance	**interference**
intermineble	**interminable**
intermitent	**intermittent**
interogate	**interrogate**
inthral	**enthral**
intolereble	**intolerable**
intolerence	**intolerance**
intractible	**intractable**
intraveinous	**intravenous**
intreped	**intrepid**
innuendoe	**innuendo**
innumerible	**innumerable**
inveigel	**inveigle**
inventer	**inventor**
investigater	**investigator**
invester	**investor**
inviolabble	**inviolable**
invisibble	**invisible**
invulnerablle	**invulnerable**
irasciblle	**irascible**
iredescennt	**iridescent**
irrelevence	**irrelevance**
irrelevent	**irrelevant**
irrepressable	**irrepresible**
irresistable	**irresistible**
irresponsable	**irresponsible**
irrevelant	**irrelevant**
irreversable	**irreversible**
irritable	**irritable**

66 *Little Red Book of Misspellers Spelling*

ismus	**isthmus**
isosceless	**isosceles**

j

jacknife	**jackknife**
jambore	**jamboree**
jealoucy	**jealousy**
jelous	**jealous**
jeopardy	**jeopardy**
jeweled	**jewelled**
jeweler	**jeweller**
jigolo	**gigolo**
journied	**journeyed**
journies	**journeys**
journey	**journey**
jubilence	**jubilance**
jubilent	**jubilant**
judgmatic	**judgemmatic**
judgment	**judgement**
jurney	**journey**

k

kahki	**khaki**
keeness	**keenness**
kerchef	**kerchief**
kerosine	**kerosene**
kidnaped	**kidnapped**
kidnaper	**kidnapper**
kidnaping	**kidnapping**
kidnies	**kidneys**
kimona	**kimono**
kiwee	**kiwi**

L

knicknack	**knickknack**
knowledgable	**knowledgeable**
laboratery	**laboratory**
langeree	**lingerie**
langor	**languor**
langorous	**languorous**
lapidery	**lapidary**
larynxe	**larynx**
lasciveous	**lascivious**
lavendar	**lavender**
layed	**laid**
leasaure	**leisure**
lagible	**ledgible**
legitainate	**legitimate**
leisurly	**leisurely**
leitmótive	**leitmotif**
lemmom	**lemon**
liklihood	**likelihood**
likorish	**licorice**
lynen	**linen**
liquer	**liquor**
liquifaction	**liquefaction**
liquified	**liquefied**
liquify	**liquefy**
liscense	**licence**
liveable	**livable**
livly	**lively**
loathsome	**loathsome**
lonlines	**loneliness**
lonly	**lonely**

loquatious	**loquacious**
loveable	**lovable**
lustious	**luscious**
lugzuriant	**luxuriant**
lugzurious	**luxurious**
lugzury	**luxury**
lushous	**luscious**
luster	**lustre**
luxunent	**luxuriant**
lenienace	**lenience**
leniente	**lenient**
leoppard	**leopard**
lieutenent	**lieutenant**
leveled	**levelled**
leveler	**leveller**
leveling	**levelling**
libeled	**libelled**
libelous	**libellous**
liberary	**library**
libreto	**libretto**
licensious	**licentious**
licorish	**licorice**
liesure	**leisure**
lieutenant	**lieutenant**
likable	**likeable**

m

macaber	**macabre**
macarroon	**macaroon**
maccabre	**macabre**

maccacdan	**macadam**
maccarom	**macaroni**
maccaroon	**macaroon**
maddona	**madonna**
magestic	**majestic**
magesty	**majesty**
magneticly	**magnetically**
maintanance	**maintenance**
majesticly	**majestically**
malefactor	**malefactor**
manufacture	**manufacture**
manifest	**manifest**
managible	**manageable**
mangey	**mangy**
manifestos	**manifestoes** (*pref.*)
manish	**mannish**
manifest	**manifest**
manipulate	**manipulate**
manouver	**manoeuvre**
marrage	**marriage**
marriagible	**marriageable**
marveled	**marvelled**
marvelous	**marvellous**
masacre	**massacre**
maskerade	**masquerade**
mathametics	**mathematics**
matriside	**matricide**
mayonnaisse	**mayonnaise**
meager	**meagre**
meaness	**meanness**
measurment	**measurement**
medalion	**medallion**

70 Little Red Book of Misspellers Spelling

mediaeval	**medieval**
medler	**meddler**
melifluous	**mellifluous**
mercnary	**mercenary**
merchandize	**merchandise**
merily	**merrily**
meriting	**meriting**
merly	**merely**
meter	**metre**
mettalic	**metallic**
mettalurgy	**metallurgy**
mezanine	**mezzanine**
micellaneous	**miscellaneous**
midevil	**medieval**
milage	**mileage** (*pref.*)
milinium	**millennium**
milinery	**millinery**
millionnaire	**millionaire**
mimiced	**mimicked**
mimickking	**mimicking**
minerology	**mineralogy**
miscellaneus	**mescellaneous**
mischeif	**mischief**
mischeivous	**mischievous**
mishape	**misshape**
mishapen	**misshapen**
mislayed	**mislaid**
misoginist	**misogynist**
misoginy	**misogyny**
mispell	**misspell**
mispelled	**misspelled**

Little Red Book of Misspellers Spelling 71

mispelling	**misspelling**
misselaneous	**miscellaneous**
misstatemant	**misstatement**
mistep	**misstep**
mistery	**mystery**
mistif	**mystify**
mockasin	**moccasin**
modeled	**modelled**
modarn	**modern**
momentery	**momentary**
momentious	**momentous**
monastary	**monastery**
monetary	**monetary**
monestary	**monastery**
mongaloid	**mongoloid**
monied	**moneyed**
monies	**moneys**
moniter	**monitor**
monkies	**monkeys**
morribund	**moribund**
morangue	**meringue**
mordent	**mordant**
mortgag	**mortgage**
morroco	**morocco**
mosquitos	**mosquitoes**
mottoes	**mottos**
mold	**mould**
moldy	**mouldy**
mostache	**moustache**
movable	**moveable**

n

nack	**knack**
naivety	**naivete** (*pref.*)
napsack	**knapsack**
naptha	**naphtha**
nausea	**nausea**
nausiate	**nauseate**
nausious	**nauseous**
nautious	**nauseous**
navigater	**navigator**
navigible	**navigable**
neccessary	**necessary**
neccessity	**necessity**
negligable	**negligible**
negociate	**negotiate**
Negros	**negroes**
Neice	**niece**
neighbor	**neighbour**
nemonic	**mnemonic**
neumonia	**pneumonia**
newcommer	**newcomer**
newstand	**newsstand**
nickers	**knickers**
nickel	**nickel**
knicknack	**knickknack**
niegh	**neigh**
nineth	**ninth**
ninty	**ninety**
noncomittal	**noncommittal**
nonparel	**nonpareil**
nos	**noes**

noticable	**noticeable**
nuckle	**knuckle**
nuisence	**nuisance**
nutricious	**nutritious**

O

obediance	**obedience**
obediant	**obedient**
oboeist	**oboist**
obsequious	**obsequious**
observence	**observance**
obses	**obsess**
obsesion	**obsession**
obsesive	**obsessive**
obstinasy	**obstinacy**
ocasion	**occasion**
ocassionaly	**occasionally**
occurance	**occurrence**
occured	**occurred**
occuring	**occurring**
occurance	**occurrence**
ocher	**ochre**
oscilate	**oscillate**
octopous	**octopus**
occupant	**occupant**
ocupy	**occupy**
ocurrance	**occurrence**
occurred	**occurred**
ocurring	**occurring**
odor	**odour**
oseophagus	**esophagus** (*pref.*)

offense	**offence**
oger	**ogre**
omenous	**ominous**
omiting	**omitting**
omission	**omission**
omitted	**omitted**
omnibbuses	**omnibuses**
omnisscience	**omniscience**
omnisscient	**omniscient**
omnivoros	**omnivorous**
onely	**only**
onslaght	**onslaught**
operater	**operator**
operatec	**operatic**
oportune	**opportune**
oportunity	**opportunity**
operae	**opera**
opulense	**opulence**
opress	**oppress**
opression	**oppression**
optemism	**optimism**
optimistt	**optimist**
opthalmalogist	**ophthalmologist**
opthalmalogy	**ophthalmology**
optitian	**optician**
optomatnst	**optometrist**
optomatiy	**optometry**
optomism	**optimism**
optomist	**optimist**
opulant	**opulent**
orater	**orator**
organize	**organise**

orniment	**ornament**
oscilate	**oscillate**
ostensable	**ostensible**
ostentacious	**ostentatious**
outragious	**outrageous**
overated	**overrated**
overrought	**overwrought**

p

pagent	**pageant**
pajamas	**pyjamas**
pelpable	**palpable**
panagyric	**panegyric**
paniced	**panicked**
panicy	**panicky**
paralel	**parallel**
paralisis	**paralysis**
paralitic	**paralytic**
paralize	**paralyse**
pardonible	**pardonable**
pardonned	**pardoned**
pardonning	**pardoning**
parifin	**paraffin**
parilel	**parallel**
parinoid	**paranoid**
parlor	**parlour**
parafin	**paraffin**
parralel	**parallel**
parralize	**paralyse**
parapet	**parapet**
parrifin	**paraffin**
pasttime	**pastime**

76 *Little Red Book of Misspellers Spelling*

pasturze	**pasteurize**
patiense	**patience**
patriside	**patricide**
patroled	**patrolled**
patroling	**patrolling**
patroll	**patrol**
peacible	**peaceable**
pevish	**peevish**
pedogogue	**pedagogue**
peice	**piece**
peir	**pier**
penetrible	**penetrable**
penitance	**penitence**
penitant	**penitent**
perambalater	**perambulator**
perceivible	**perceivable**
perceptable	**perceptible**
perceivible	**perceivable**
perculator	**percolator**
perernptary	**peremptory**
perfessor	**professor**
perfideous	**perfidious**
performence	**performance**
perishible	**perishable**
permanance	**permanence**
permanant	**permanent**
permeble	**permeable**
permissable	**permissible**
permited	**permitted**
permiting	**permitting**
permition	**permission**
prerrogative	**prerogative**

perpetrater	**perpetrator**
perscribe	**prescribe**
prescripton	**prescription**
persevarance	**perseverance**
persistance	**persistence**
personible	**personable**
persue	**pursue**
persuet	**pursuit**
presumme	**presume**
presumpsion	**presumption**
presumptiv	**presumptive**
persumptuos	**presumptuous**
pertinant	**pertinent**
prevaill	**prevail**
pessamism	**pessimism**
pessamst	**pessimist**
petulence	**petulance**
petulent	**petulant**
phenix	**phoenix**
phenomina	**phenomena**
phenomenel	**phenomenal**
phenomenen	**phenomenon**
Philippino	**Filipino**
Phillipines	**Philippines**
phrasology	**phraseology**
picnik	**picnic**
pigmy	**pygmy**
pitious	**piteous**
placque	**plaque**
plausable	**plausible**
playright	**playwright**
pleasureable	**pleasurable**

plege	**pledge**
poltry	**poultry**
polute	**pollute**
poney	**pony**
poneys	**ponies**
porriage	**porridge**
portentious	**portentous**
portible	**portable**
posess	**possess**
possesion	**possession**
possesive	**possessive**
posible	**possible**
potatoe	**potato**
potatos	**potatoes**
practice	**practise**
prair	**prayer**
preceed	**precede**
precience	**prescience**
precient	**prescient**
preconcieved	**preconceived**
precotious	**precocious**
precurser	**precursor**
predecessor	**predecessor**
predictable	**predictable**
predjudice	**prejudice**
predominence	**predominance**
predominent	**predominant**
preferrence	**preference**
prefered	**preferred**
prefering	**preferring**
preferential	**preferential**
prefemble	**preferable**

pregnency	**pregnancy**
pregnent	**pregnant**
preist	**priest**
prelimnary	**preliminary**
preponderence	**preponderance**
preponderent	**preponderant**
prepossesing	**prepossessing**
presentabel	**presentable**
perspiration	**perspiration**
persspire	**perspire**
pressumable	**presumable**
pressumptious	**presumptuous**
pretense	**pretence**
pretensious	**pretentious**
pretention	**pretension**
prevaricate	**prevaricate**
prevelance	**prevalence**
preventative	**preventive**
prevert	**pervert**
primative	**primitive**
priviledge	**privilege**
procede	**proceed**
proceedure	**procedure**
procurible	**procurable**
prodigeous	**prodigious**
produceable	**producible**
profered	**proffered**
profesion	**profession**
profesional	**professional**
profesor	**professor**
profiscient	**proficient**
profitible	**profitable**

profitted	**profited**
profitting	**profiting**
programed	**programmed**
programer	**programmer**
prohibitor	**prohibiter**
prohibitted	**prohibited**
prohibitting	**prohibiting**
proletariet	**proletariat**
prolongued	**prolonged**
prominant	**prominent**
pronouncible	**pronounceable**
pronouncation	**pronounciation**
prov	**prove**
propagater	**propagator**
propeled	**propelled**
propeling	**propelling**
propeler	**propeller**
prophecize	**prophesy**
prophecized	**prophesised**
prophecizing	**prophesying**
proprietariai	**proprietorial**
proprieter	**proprietor**
proprietory	**proprietary**
prosecuter	**prosecutor**
protecter	**protector**
protectible	**protectable**
protien	**protein**
protracter	**protractor**
protruberent	**protuberant**
provocasion	**provocation**
proveable	**provable**

providance	**providence**
providant	**provident**
prudance	**prudence**
pruriant	**prurient**
psudo	**pseudo**
psychoanalisis	**psychoanalysis**
psychoanalyst	**psychoanalyst**
psychoanalytik	**psychoanalytic**
pullies	**pulleys**
pully	**pulley**
purefy	**purify**
purile	**puerile**
pursueing	**pursuing**
pursurnt	**pursuant**
purveyer	**purveyor**

q

quandery	**quandary**
quarrel	**quarrel**
quarantine	**quarantine**
quarreled	**quarrelled**
querulous	**querulous**
questionnaire	**questionnaire**
quintescence	**quintessence**
quizzed	**quizzed**
quizzes	**quizzes**
quizzical	**quizzical**
quizzing	**quizzing**
quiz	**quiz**
quotent	**quotient**
quotable	**quotable**

r

raconture	**raconteur**
rcon	**raccoon**
racquet	**racket**
raddish	**radish**
radiance	**radiance**
radient	**radiant**
ragamufin	**ragamuffin**
raindeer	**reindeer**
rancor	**rancour**
rangey	**rangy**
rapscalian	**rapscallion**
rhapsodic	**rhapsodic**
rapsody	**rhapsody**
rarety	**rarity**
rarificatIon	**rarefaction**
rarify	**rarefy**
rarly	**rarely**
ratan	**rattan**
ráthful	**wrathful**
radiator	**radiator**
raveled	**ravelled**
raveling	**ravelling**
ravenous	**ravenous**
razzberry	**raspberry**
realize	**realise**
realy	**really**
rearrange	**rearrange**
rebeled	**rebelled**
rebeling	**rebelling**
rebelion	**rebellion**
rebelious	**rebellious**
rebell	**rebel**

Little Red Book of Misspellers Spelling 83

recomend	**recommend**
recconaisance	**reconnaissance**
reccoñoiter	**reconnoiter**
receed	**recede**
receiept	**receipt**
recieve	**receive**
recompence	**recompense**
reconassance	**reconnaissance**
reconciliation	**reconciliation**
reconcil	**reconcile**
recoop	**recoup**
recurance	**recurrence**
recured	**recurred**
recuring	**recurring**
recurr	**recur**
recurrance	**recurrence**
recurrant	**recurrent**
ridiculous	**ridiculous**
redolant	**redolent**
reduceable.	**reducible**
redandancy	**redundancy**
redundent	**redundant**
reinforc	**reinforce**
referal	**referral**
referance	**reference**
refered	**referred**
referring	**referring**
referrenclum	**referendum**
referent	**referent**
reflexion (*Brit.*)	**reflection**
refrigerater	**refrigerator**
regrettable	**regrettable**
regretted	**regretted**
regretting	**regretting**

regrret	**regret**
regrretful	**regretful**
releif	**relief**
releive	**relieve**
relevence	**relevance**
relevent	**relevant**
religon	**religion**
relience	**reliance**
relient	**reliant**
religous	**religious**
reluctence	**reluctance**
reluctent	**reluctant**
rememberance	**remembrance**
reminis	**reminisce**
reminisent	**reminiscent**
remited	**remitted**
remiting	**remitting**
remition	**remission**
remittence	**remittance**
renige	**renege**
repell	**repel**
repellant	**repellent**
repentence	**repentance**
repentant	**repentant**
repetitive	**repetitive**
repeticious	**repetitious**
replacible	**replaceable**
reposess	**repossess**
reositary	**repository**
repertoire	**repertoire**
reppertory	**repertory**
reprehensible	**reprehensible**

Little Red Book of Misspellers Spelling

repressable	**repressible**
reproduceàble	**reproducible**
repugnance	**repugnance**
repugnant	**repugnant**
resilience	**resilience**
resilient	**resilient**
resistable	**resistible**
resistence	**resistance**
resistant	**resistant**
resonance	**resonant**
responsable	**responsible**
restauranteur	**restaurateur**
resurrect	**resurrect**
resuscitate	**resuscitate**
reticence	**reticence**
reticent	**reticent**
retension	**retention**
retisence	**reticence**
reticense	**reticence**
retisent	**reticent**
retreive	**retrieve**
revelance	**relevance**
revelant	**relevant**
reveled	**revelled**
reveler	**reveller**
reveling	**reveling**
reverance	**reverence**
reverant	**reverent**
reversable	**reversible**
revery	**reverie**
revielle	**reveille**
revize	**revise**

86 Little Red Book of Misspellers Spelling

revolutionery	**revolutionary**
rhapture	**rapture**
rhime	**rhyme**
rhinocerus	**rhinoceros**
riegn	**reign**
rien	**rein**
riendeer	**reindeer**
rifraff	**riffraff**
rightious	**righteous**
rinoceros	**rhinoceros**
risable	**risible**
riveted	**rivetted**
riveter	**rivetter**
riveting	**rivetting**
roccoco	**rococo**
roomate	**roommate**
roudy	**rowdy**
rudimant	**rudiment**
rudimantery	**rudimentary**
ruful	**rueful**
rumpous	**rumpus**
rythm	**rhythm**

s

Sabath	**Sabbath**
sabatical	**sabbatical**
saber	**sabre**
saccharin	**saccharine**
sacrafice	**sacrifice**
sacrehge	**sacrilege**
sacreligious	**sacrilegious**
sacriledge	**sacrilege**
salable	**saleable**

Little Red Book of Misspellers Spelling 87

saliant	**salient**
salutory	**salutary**
salvagible	**salvageable**
saphire	**sapphire**
sarcophagous	**sarcophagus**
sargeant	**sergeant**
sattelite	**satellite**
saught	**sought**
savor	**savour**
scalion	**scallion**
skeptic	**sceptic**
skeptical	**sceptical**
scepter	**sceptre**
scintilate	**scintillate**
scism	**schism**
scithe	**scythe**
scurilous	**scurrilous**
sebacious	**sebaceous**
seceed	**secede**
secandery	**secondary**
secretery	**secretary**
sedentery	**sedentary**
seduceable	**seducible**
seige	**siege**
seive	**sieve**
seizinic	**seismic**
semianual	**semiannual**
sensible	**sensible**
sensative	**sensitive**
sentance	**sentence**
sentencious	**sententious**
seperable	**separable**

seperate	**separate**
servicible	**serviceable**
sessame	**sesame**
setlement	**settlement**
seudo	**pseudo**
sharlatan	**charlatan**
shassis	**chassis**
sheild	**shield**
shellaced	**shellacked**
shellacing	**shellacking**
sherrif	**sheriff**
shiek	**sheikh**
shily	**shyly**
shiness	**shyness**
shoveled	**shovelled**
shoveling	**shovelling**
shireik	**shriek**
shier	**shyer**
shiest	**shyest**
siesmic	**seismic**
sieze	**seize**
siezure	**seizure**
signaled	**signalled**
signaling	**signalling**
silouette	**silhouette**
similer	**similar**
sinacure	**sinecure**
sincerly	**Sincerely**
sindicate	**syndicate**
sinonym	**synonym**
sinopsis	**synopsis**
sintax	**syntax**

scintilate	**scintillate**
siphilis	**syphilis**
sirroco	**sirocco**
sirup	**syrup**
sirynge	**syringe**
sizable	**sizeable**
skien	**skein**
skillful	**skilful**
sleezy	**sleazy**
sliegh	**sleigh**
slily	**slyly**
sliness	**slyness**
slier	**slyer**
sliest	**slyest**
smokey	**smoky**
sodder	**solder**
solilloquy	**solloquy**
solitery	**solitary**
somber	**sombre**
sophimore	**sophomore**
sourbraten	**sauerbraten**
soveriegn	**sovereign**
soveriegnty	**sovereignty**
spagetti	**spaghetti**
spatious	**spacious**
spectater	**spectator**
spitoon	**spittoon**
splendor	**splendour**
spongey	**spongy**
sponser	**sponsor**
sporadicly	**sporadically**
sprily	**spryly**

stacatto	**staccato**
stagey	**stagy**
stageyer	**stagier**
stanch	**staunch**
statuery	**statuary**
stevadore	**stevedore**
stilleto	**stiletto**
stimulous	**stimulus**
stingey	**stingy**
strrip	**stirrup**
stoney	**stony**
stoneyer	**stonier**
strait	**straight**
straightened	**straitened**
straight jacket	**straitjacket**
straightlaced	**strait-laced**
stratagy	**strategy**
strategem	**stratagem**
stubborness	**stubbornness**
stupifaction	**stupefaction**
stupified	**stupefied**
stupify	**stupefy**
subconcious	**subconscious**
submited	**submitted**
submition	**submission**
subpena	**subpoena**
subsistance	**subsistence**
subsistant	**subsistent**
subteranean	**subterranean**
succede	**succeed**
successer	**successor**
succomb	**succumb**

suceed	**succeed**
sucessor	**successor**
sucotash	**succotash**
succor	**succour**
sucubus	**succubus**
suculent	**succulent**
suddeness	**suddenness**
sufference	**sufferance**
suffise	**suffice**
sulleness.	**sullenness**
summersalt	**somersault**
sumtuous	**sumptuous**
supena	**subpoena**
supercede	**supersede**
superier	**superior**
superintendant	**superintendent**
supersticion	**superstition**
supersticious	**superstitious**
superviser	**supervisor**
supervize	**supervise**
suport	**support**
supose	**suppose**
suposition	**supposition**
suprise	**surprise**
supremecy	**supremacy**
supress	**suppress**
surfiet	**surfeit**
surmize	**surmise**
surveyer	**surveyor**
surviver	**survivor**
suseptible	**susceptible**
suspence	**suspense**

suspition	**suspicion**
suspitious	**suspicious**
sustnence	**sustenance**
soubenir	**souvenir**
swiveled	**swivelled**
swolen	**swollen**
sychology	**psychology**
sychophant	**sycophant**
symetry	**symmetry**
symtom	**symptom**
synogogue	**synagogue**
synonanlous	**synonymous**
synonim	**synonym**
syphon	**siphon**
syrupi	**syrupy**

t

tabu	**taboo**
tanjible	**tangible**
tantammount	**tantamount**
tantilize	**tantalise**
tatle	**tattle**
tatoo	**tattoo**
taudry	**tawdry**
tauny	**tawny**
tawt	**taut**
teir	**tier**
temparance	**temperance**
temparate	**temperate**
temperary	**temporary**
temperence	**temperance**
temperment	**temperament**

tempestious	**tempestuous**
tenment	**tenement**
tenatious	**tenacious**
tenesee	**tennessee**
terminous	**terminus**
tertiery	**tertiary**
tetanous	**tetanus**
thaught	**thought**
theater	**theatre**
theif	**thief**
theivery	**thievery**
therapuetic	**therapeutic**
thesaurous	**thesaurus**
thiers	**theirs**
tho	**though**
threshhold	**threshold**
thru	**through**
tittilate	**titillate**
tobbaco	**tobacco**
tocatta	**toccata**
todey	**today**
tolerence	**tolerance**
tolerent	**tolerant**
tolerble	**tolerable**
tollerate	**tolerate**
tomane	**tomaine**
tomatoe	**tomato**
tomatos	**tomatoes**
tonite	**tonight**
tonsllectomy	**tonsillectomy**
tonsilitis	**tonsillitis**
toppic.	**topic**

toppical	**topical**
torid	**torrid**
tornados	**tornadoes**
torpedos	**torpedoes**
torper	**torpor**
tortion	**torsion**
tortise	**tortoise**
tought	**taught**
toupay	**toupee**
tractible	**tractable**
trafficed	**trafficked**
tranquility	**tranquillity**
tranquillize	**tranquilise**
translete	**translate**
transcendant	**transcendent**
transexual	**transsexual**
transfered	**transferred**
transferrence	**transference**
transferrible	**transferable**
transiant	**transient**
translater	**translator**
transmissable	**transmissible**
transmital	**transmittal**
transmited	**transmitted**
transmitible	**transmittible**
transmiting	**transmitting**
transmition	**transmission**
traveled	**travelled**
traveler	**traveller**
trecherous	**treacherous**
trechery	**treachery**
trelis	**trellis**

Little Red Book of Misspellers Spelling 95

trepedation	**trepidation**
trespas	**trespass**
trespased	**trespassed**
tresspass	**trespass**
tributeiy	**tributary**
trickel	**trickle**
trollies	**trolleys**
trolly	**trolley**
trolop	**trollop**
troppical	**tropical**
trouseau	**trousseau**
trousso	**trousseau**
trowell	**trowel**
trudy	**truly**
trycicle	**tricycle**
tsar	**czar**
tumultious	**tumultuous**
turnament	**tournament**
turniquet	**tourniquet**
tuti-fruity	**tutti-frutti**
tyrranical	**tyrannical**
tyrranize	**tyrannise**
tyranny	**tyranny**

u

ullulate	**ululate**
ulogy	**eulogy**
umblical	**umbilical**
umbragious	**umbrageous**
unacompanied	**unaccompanied**
unanamous	**unanimous**
unasailable	**unassailable**

unavoidabel	**unavoidable**
unbiassed	**unbiased**
unconcionable	**unconscionable**
unconcious	**unconscious**
unconvinceable	**unconvincible**
unctious	**unctuous**
underated	**underrated**
undiscernable	**undiscernible**
undulent	**undulant**
unemployible	**unemployable**
unequivocable	**unequivocal**
uneveness	**unevenness**
unfreindly	**unfriendly**
unpreditible	**unpredictable**
unprincipaled	**unprincipled**
unpronouncible	**unpronounceable**
unseasonble	**unseasonable**
unskilful	**unskillful**
uphemism	**euphemism**
uphony	**euphony**
uphoria	**euphoria**
useable	**usable**
useage	**usage**
usful	**useful**
usless	**useless**
uthanasla	**euthanasia**
utopean	**utopian**
utterence	**utterance**

V

vaccilate	**vacillate**
vaccum	**vacuum**

Little Red Book of Misspellers Spelling 97

vaccuum	**vacuum**
vacilate	**vacillate**
vainess	**vanness**
validiction	**valediction**
valadictorian	**valedictorian**
valadictory	**valeditory**
valease	**valise**
valliant	**valiant**
valid	**valid**
vallidate	**validate**
values	**valleys**
vallium	**valium**
vally	**valley**
valor	**valour**
valuble	**valuable**
valueable	**valuable**
vapor	**vapour**
variaty	**variety**
vangated	**variegated**
vascillate	**vacillate**
vegtable	**vegetable**
veinous	**venous**
vellocity	**velocity**
venerible	**venerable**
vengene	**vengeance**
venimous	**venomous**
ventilater	**ventilator**
verefy	**verify**
veritible	**veritable**
veriacious	**veracious**
veriffy	**verify**
vartigo	**vertigo**

vaccuous	**vacuous**
veterin	**veteran**
vetos	**vetoes**
vexacious	**vexatious**
vibrater	**vibrator**
vichysoise	**vichyssoise**
vigor	**vigour**
villian	**villain**
vilefy	**vilify**
vinagar	**vinegar**
vinella	**vinilla**
violance	**violence**
violant	**violent**
violater	**violator**
violible	**violable**
visable	**visible**
viscious	**vicious**
visera	**viscera**
viser	**visor**
viseral	**visceral**
visiter	**visitor**
vithollic	**vitriolic**
vitrious	**vitreous**
vittles	**victuals**
vivatious	**vivacious**
vocabulery	**vocabulary**
voluable	**voluble**
voluptious	**voluptuous**
vue	**view**
vulnerible	**vulnerable**
virtualy	**virtually**

W

wabble	**wobble**
waiver	**waver**
wailnut	**walnut**
wallopped	**walloped**
walop	**wallop**
walopping	**walloping**
warant	**warrant**
waranty	**warranty**
warior	**warrior**
waylayed	**waylaid**
weild	**wield**
welbeing	**well-being**
wellcome	**welcome**
wellfare	**welfare**
Wednsday	**Wednesday**
whimsey	**whimsy**
whiney	**whiny**
wholey	**wholly**
wholsale	**wholesale**
wholsome	**wholesome**
wiegh	**weigh**
wieght	**weight**
wierd	**weird**
wiezened	**wizened**
wilful	**willful**
wilow	**willow**
windey	**windy**
winey	**winy**
winny	**whinny**
wintery	**wintry**

100   *Little Red Book of Misspellers Spelling*

wirey	**wiry**
wiseacer	**wiseacre**
withold	**withhold**
woebegon	**woebegone**
woful	**woeful**
woodey	**woody**
woodsey	**woodsy**
woolen	**woollen**
wooly	**woolly**
worrysome	**worrisome**
worshiped	**worshipped**
worshiper	**worshipper**
worshiping	**worshipping**
wraught	**wrought**
wrily	**wryly**
wriness	**wryness**
wryting	**writing**
wriness	**wryness**
wryer	**wrier**
wryest	**wriest**

y

yeild	**yield**
yewe (sheep)	**ewe**
yodelled	**yodeled**
yodle	**yodel**
yodled	**yodeled**
yoeman	**yeonian**
yoghurt	**yogurt**
yokle	**yokel**
yurine	**urine**
yurologist	**urologist**

z

zar	**czar**
zellot	**zealot**
zellous	**zealous**
zephir	**zephyr**
zuchini	**zucchini**
zwiback	**zwieback**
zylophone	**xylophone**

Spelling BEE

Everyday Spelling Tips

In everyday spelling, we all make some common mistakes. Here are 5 quick things you can do now to improve your writing.

1. **Master these 10 commonly-misspelled words:** *a lot, because, definite, doesn't, friend, necessary, occasion, separate, sincerely,* and *tomorrow*.
2. **Use the right word:** Study these commonly confused word pairs, and any others that are confusing to *you*.

accept/except

accept – to receive, agree to or believe. *He couldn't accept the fact that he was fired.*

except – not including. *Everyone went to the store except Sally.*

are/our

are – helping verb. *We are happy that it's snowing.*
our – belonging to us. *This is our new car.*

desert/dessert

desert – dry region. *Few plants grow in the desert.*
dessert – sweet course at the end of the meal. *Mary likes to serve pie for dessert.*

Quick Tip:

You may have *a lot* of work to do, or *a lot* of bills to pay. You may be planning to have *a lot* of fun over the weekend.

But you will not (correctly) be doing *alot* of any of these things. *A lot* is spelled with TWO words.

This is not alot of money...

...but it is *a lot* of money!

Please note that there is a word *allot*. It is a verb that means to assign or reserve something.

For example, a company might *allot* one locker to each employee. Or, you might *allot* two shelves in your garage to food storage.

3. **Master the apostrophe:** The poor apostrophe is greatly abused in many everyday spelling situations! An apostrophe is used correctly in contractions, such as *don't*, *I'll*, and *they're*. The apostrophe in *it's* says the word means *it is*. In which sentence is the apostrophe used correctly?

It's time to eat lunch.   (It is time to eat lunch.)
The cat finished it's food. (The cat finished it is food.)

Clearly, the apostrophe belongs only in the first sentence.
The apostrophe is also used in many possessive words. It is *not* used in plurals. How many times have you seen signs like this?

We make the best bun's.

Wrong. (Actually, the restaurant may, in fact, make the best *buns*.) But if there is an apostrophe, something must belong *to* the bun. It would be correct to say,

My bun's flavour is out of this world!

The flavour belongs to the bun.

4. **Use the correct homonym:** The abbreviations used:

adj.	–	adjective
adv.	–	adverb
contr.	–	contraction
n.	–	noun
prep	–	preposition
pron.	–	pronoun
v.	–	verb

1. **allowed** (adj.) permitted. *Pets are not allowed in this Guest House.*
   aloud (adv.) out loud; with noise. *The teacher asked me to read the story aloud.*
2. **bare** (adj.) uncovered, naked. *His bare arms quickly became sunburned.*
   bear (v.) endure, support. *I can't bear to go another hour without water.*
3. **board** (n.) plank; *We need to replace the board under the window.* (v.) get on; *Passengers will be asked to board the plane in 30 minutes.* (v.) lodge; *I will board at the motel while I'm in town.*
   bored (adj.) uninterested, tired of something. *I grew bored during the mayor's long speech.*
4. **brake** (n.) a device for slowing down a vehicle; *My car needs new brakes.* (v.) to run or use a brake; *Be sure to brake before you run into the garage.*
   break (v.) to smash or divide into parts; *Please don't break my new dishes.*
5. **capital** (n.) the city where the government is located; *Delhi is the capital of India.* (adj.) highly important; *Always begin your name with a capital letter.*
   capitol (n.) the building in Washington, D.C., in which the Congress meets; *The reporters waited at the Capitol to see the senator.*
6. **cent** (n.) a penny; *That old sock isn't worth a cent!*
   scent (n.) a distinctive smell; *I love the scent of roses.*
   sent (v.) to cause to go; *He sent a check in the mail.*
7. **close** (v.) to shut; *Please close the window before it rains.*
   clothes (n.) garments to wear; *She bought new clothes when she lost weight.*

8. **coarse** (adj.) rough, crude or harsh; *His coarse manners were very irritating.*
   course (n.) a path or route to be taken; *Now that you've lost your job, what is the first course of action to be taken?*
9. **die** (v.) to pass away; *The animal will die without proper nourishment.*
   dye (n.) colouring: *We used four kinds of dye to colour our school logo.*
10. **fair** (adj.) just, proper under the rules, or ample; *The judge made a fair decision.* (n.) a carnival or exhibition; *He bought a goat at the county fair.*
    fare (n.) money paid to ride in a bus, taxi or other vehicle. *He paid his fare when he got on the bus.* (v.) to get by, perform; *She fared well on the job interview.*
11. **feat** (n.) accomplishment; *Composing an entire symphony is a remarkable feat.*
    feet (n.) plural of *foot*; *Her feet were sore because her shoes were too tight.*
12. **flew** (v.) past tense of *fly*; *The bird flew past my window.*
    flu (n.) short for *influenza*; *Sujit missed three days of work because he had the flu.*
    flue (n.) passage for smoke in a chimney; *The chimney flue needs to be cleaned regularly.*
13. **heard** (v.) past tense of *hear*; *The little girl heard the sound of her mother's voice.*
    herd (n.) large group of animals: *The cattle herd roamed freely, looking for grass to eat.*
14. **hear** (v.) to perceive sounds; *I love to hear clarinet music.*
    here (adv.) in this place; *Put the groceries here on the table.*

15. **heal** (v.) to make healthy; *Extra rest and fluids will help to heal your sickness.*
    heel (n.) the back part of the foot; *Place your heel firmly into the boot.*
    he'll (contr.) *he will*; *If you're ever late to his class, he'll make you work extra hard.*
16. **hole** (n.) an opening or hollow place; *The squirrel ran through the hole in the fence.*
    whole (adj.) the entire amount; *He ate the whole pizza by himself.*
17. **idle** (adj.) doing nothing *How can you remain idle when there's so much work to do?* (v.) to pass time doing nothing; *She idled along the street.*
    idol (n.) an image to be worshiped, or a person who is greatly admired; *The rock singer became the newest teen idol.*
18. **its** (pron.) possessive form of *its*; *The dog lost its bone.*
    it's (contr.) *it is* or *it has*; *It's time for the play to begin.*
19. **loan** (n.) money lent; *The car loan was for $5,000.* (v.) to lend something: *Can you please loan me enough money for lunch?*
    lone (adj.) single, only; *The truck driver was the lone customer at the all-night diner.*
20. **mail** (n.) items sent in the postal system; *I received six letters today in the mail.* (v.) to send something by mail or e-mail; *She will mail her car payment today.*
    male (n.) a boy or man; *There were ten male passengers on the train.* (adj.) related to a man or boy; *I heard a male voice on the telephone.*
21. **main** (adj.) most important; *The speaker's main point was that we can all fight poverty.*
    mane (n.) long hair on the neck of an animal; *The little girl hung on to the horse's mane when it started galloping.*

22. **meat** (n.) edible flesh from an animal; *We eat meat nearly every night for dinner.*
    meet (v.) get together; *Let's meet for coffee tomorrow morning.* (n.) sports competition; *Athletes from ten schools will compete at the track meet.*
23. **pail** (n.) bucket; *That pail holds five gallons of paint.*
    pale (adj.) lacking color; *The sick child's face was very pale.*
24. **pain** (n.) physical distress; *Her back pain prevented her from bending over.*
    pane (n.) section of a window; *The window pane was covered with frost.*
25. **passed** (v.) past tense of *pass; The teenager finally passed his driving test.*
    past (adj.) later, or in a time gone by; *Her financial worries are now all in the past.*

To improve spelling skills, there are many, many more sets of homonyms that you may want to study, too.

5. **Proofread everything you write.** You will catch many of your own everyday spelling errors when you take just a couple of minutes to read your work over. Better yet, read it aloud. Best tip of all? Let someone else read it. The more important the document, the more crucial it is to proofread it.

Word List: Beginners

Abscess is a localised collection of pus in tissues of the body.
Accessible means easy to approach
Accommodate is to do a kindness or a favour to; oblige.
Accordion is a musical instrument.
Annulment is the declaration that annuls a marriage.
Appellate is of or pertaining to appeals.
Assassin is a murderer, especially in politics.
Atrium is the central room of an ancient Roman house.
Automaton is another word for a robot.
Baboon is a large monkey found in Africa or Arabia.
Balloon is an inflated bag.
Barbiturate is used to medicine as a sedative.
Barrette is a clasp used to hold a girl's hair in place.
Bassoon is a large woodwind instrument.
Bazaar is a marketplace, especially in the Middle East.
Beige is a very light brown colour.
Benign is having a kindly disposition.
Bizarre is markedly unusual.
Bobbin is a reel upon which yarn or thread is wound.
Bonsai is a tree that has been dwarfed, by pruning.
Bough is a branch of a tree.
Bouillon is a clear usually seasoned broth.
Bouquet is a bunch of flowers.
Bursar is a treasurer or business officer.
Butte is an isolated hill or mountain rising abruptly.
Cache is a hiding place.
Calendar is a table of days and weeks in a year.
Camaraderie is good fellowship.

Campaign is a military operation for a specific objective.
Canvass is to solicit votes.
Carafe is a wide-mouthed bottle used to serve beverages.
Caribou is a large, North American deer.
Cataclysm is any violent upheaval.
Caterpillar is the larva of a butterfly or moth.
Cellist is a person who plays a cello.
Cemetery is a place set apart for graves or tombs.
Censor is an official who examines material to suppress all or part of it.
Census is an official enumeration of the population.
Chameleon is a lizard that can, as protection, change colour.
Charisma is a personal quality that gives one power over a group of people.
Chauffeur is a person employed to drive an automobile.
Cliche is a trite, stereotyped expression.
Codeine is used as a sedative or analgesic.
Colloquy is a conversational exchange, dialogue.
Colonel is an officer in the Army or Air Force.
Conceit is an excessively favorable opinion of oneself.
Concessionaire is someone to whom a concession has been granted.
Conscious is being aware of one's own existence.
Consensus is a majority of opinion.
Consomme is a clear soup.
Cough is to expel air through the lungs harshly, often violently.
Counsel is advice.
Coyote is a smaller, wolf-like animal.
Crescent resembles a segment of a ring tapering to points at the ends.

Crochet is needlework with a needle having a hook at one end.
Croquet is a game played by knocking balls through metal wickets with a mallet.
Crouton is a small piece of fried or toasted bread.
Crypt is a subterranean chamber or vault.
Cuckoo is a common European bird.
Cursor is a movable symbol on a computer.
Cymbal is a concave plate that produces a sharp, ringing sound when struck, played in pairs.
Debris is the remains of things broken down or destroyed.
Deceive is to mislead by a false appearance or statement.
Deductible means capable of being deducted.
Defendant is a person against whom a charge is brought against in court.
Descender is the part of the letter that goes below the body.
Detached means not attached or separated.
Deuce is a card having two spots.
Dialogue is conversation with two or more people.
Dictionary is a book containing a selection of words or a language.
Diocese is a district under the jurisdiction of a bishop.
Diphtheria is an infectious disease.
Disappear is to cease to be seen.
Discernible means capable of being distinguished.
Distraught means deeply agitated.
Doubt is to be uncertain about.
Dough is flour or meal combined with water.
Drought is a period of dry weather.
Ecstasy is rapturous delight.
Eerie is uncanny, weird.
Elite is the choice or the best of anything.

Embarrass is to cause confusion and shame.
Ensign is a flag or banner.
Entourage is a group of attendants or associates.
Entrepreneur is a person who organises or manages an enterprise.
Enzyme is one of various proteins.
Etiquette is conventional requirements to social behaviour.
Eulogy is a speech in praise of a dead person.
Exacerbate is to make something worse.
Exchequer is a treasury.
Facade is the front of a building.
Farce is a light, humorous play.
Fatigue is weariness from exertion.
Faucet is a device to control the flow of liquid.
Feasible is capable of being done.
Feign is to represent fictitiously.
Feint is a movement made to deceive an opponent.
Fiery is containing fire or impetuous.
Fight is a battle or combat.
Finesse is extreme delicacy or skill in performance.
Finicky means difficult to please.
Flaunt means to display oneself conspicuously.
Fledgling is a young bird or an inexperienced person.
Floe is a sheet of floating ice.
Flour is the finely ground meal of grain.
Flourish means to thrive.
Flower is the blossom of a plant.
Flue is a passage for smoke in a chimney.
Foray is a quick raid.
Forbear is to refrain or abstain from.
Frappe is a milkshake made with ice cream.
Freight is goods or cargo transported for pay.

Fugue is a composition in music.
Furlough is a leave of absence granted to an enlisted person.
Galloping is running or moving quickly.
Gambol means to skip about, as in dancing.
Gauge is to determine the capacity of or to measure.
Geisha is a Japanese woman trained as a singer or dancer.
Gerbil is a small, burrowing rodent.
Gerund is a verb functioning as a noun.
Geyser is a hot spring that sends up jets of water and steam.
Gherkin is the immature fruit of a cucumber, used in pickling.
Ghoul is an evil demon, a grave-robber.
Giraffe is a long-necked African animal.
Glitch is a defect or malfunction in a plan or machine.
Glower is to look or stare at with anger.
Gnarl is a knotty protuberance on a tree.
Gnu or wildebeest is a stocky, ox-like antelope.
Goad is a stick with a pointed end.
Governor is the chief executive of a state.
Gorgeous means splendid or magnificent.
Gorilla is the largest of the anthropoid apes.
Gourmet is a connoisseur of fine food and drink.
Graffiti are markings on walls.
Grammar is the study of the way sentences are constructed.
Grotesque is odd or unnatural in appearance or shape.
Gruel is a light, thin, cooked cereal.
Guild is an organisation of people with related interests.
Gypsum is a common mineral.
Hackney is a carriage or coach for hire.
Haggard is having a wasted appearance.
Hallow means to make holy.
Hallucinogen is a substance that produces hallucinations.

Halve is to divide into two equal parts.
Hangar is a shelter for airplanes.
Harangue is a scolding or intense verbal attack.
Harass is to disturb persistently.
Harbinger is a herald, or one who goes before.
Harlequin is a buffoon.
Hassle is a disorderly dispute.
Havoc is great destruction or devastation.
Hearken is to pay attention or listen to.
Hearth is the floor of a fireplace.
Heifer is a cow over one year old that has not produced a calf.
Height is the extent or distance upward.
Helix is a spiral.
Hemisphere is half of the terrestrial globe.
Heresy is opinion at odds with the accepted doctrine, esp church.
Hiatus is a break in the action.
Hideous is horrible or frightful.
Hindrance is an impeding or a stopping.
Hippopotamus is called the river horse, from Africa.
Hoax is something intended to deceive or defraud.
Hobnob is to associate on friendly terms.
Hodgepodge means a jumble.
Homily is a sermon, usually on a Biblical topic.
Honest is honorable in intentions and principles.
Honeycomb is a structure bees use to store honey, pollen and eggs.
Horizon is the line that forms the apparent border between earth and sky.
Horrendous is shockingly dreadful.
Humiliate is to cause a loss of pride or dignity.

Humongous means extraordinarily large.
Hurrah is an exclamation of joy.
Hustle is to proceed or work rapidly.
Hyacinth is a plant of the lily family.
Hybrid is the offspring of two different breeds or species.
Hygiene is the science that deals with preservation of health.
Hymn is a song in praise of God.
Hyperbole is obvious exaggeration.
Hyphen is a short line used to connect parts of compound word.
Hypocrisy is pretending to be something that one isn't.
Icon is a picture, image or other representation.
Illegible is hard to read or decipher because of poor handwriting.
Illicit is not legally permitted.
Illiteracy is a lack of ability to read and write.
Imbecile is a person having a mental age of seven or eight.
Impasse is a deadlock.
Impede is to retard in movement by means of obstacles.
Incense is a substance producing sweet odor when burned, used in religious ceremonies to enhance a mood.
Incessant means continuing without interruption.
Incite is to stir, encourage or urge on.
Incognito is to have one's identity concealed.
Indictment is a formal accusation in a criminal case.
Inertia is lack of motion, sluggishness.
Inevitable is something that can't be avoided.
Inflammable is capable of being set on fire.
Influenza is a viral, acute, sometimes epidemic disease.
Innate is existing in one from birth.
Innocence is without sin, the state of being innocent.

Inquisition is an official investigation, especially political or religious, without regard for individual rights.
Instinct is an inborn pattern of activity or tendency to action.
Intercede is to act on behalf of someone in difficulty.
Intravenous means within a vein.
Invincible is incapable of being conquered or defeated.
Irritable is easily irritated or annoyed.
Island is land entirely surrounded by water.
Issue is the act of sending out or putting forth.
Italicise is to print in Italic type.
Jackknife is a large pocketknife.
Jaguar is the largest cat in the western hemisphere.
Jamb is a vertical side of a doorway.
Janitor is a person employed to keep things clean.
Jaundice is a yellow discoloration of the skin or eyes.
Jealous is feeling resentment against someone because of success of advantages.
Jeer is to scoff at someone.
Jeopardy is risk to loss, harm, death or injury.
Jinx is someone supposed to bring bad luck.
Jostle is to brush against, to push or shove.
Journal is a daily record.
Judgemental is involving the use of judgement.
Judicious is discreet or prudent.
Juice is the fluid that can be extracted from something.
Junction is a place where things are joined.
Karate is a method of self-defence.
Katydid is a large, American grasshopper.
Kayak is an Eskimo canoe.
Kerosene is a mixture of hydrocarbons used as fuel, or cleaning material.
Kettle is a metal container in which to cook foods.

Khaki means dull yellowish brown.
Kidnapped means being stolen, abducted or carried off by force.
Kiln is an oven to fire pottery.
Kitchen is a room or place equipped for cooking.
Kiwi is a flightless bird of New Zealand.
Knack is a special skill or aptitude.
Knead is to work dough into a uniform mixture.
Knight is a mounted soldier in the Middle Ages.
Knowledge is acquaintance with facts, as from study or investigation.
Knuckle is a joint of the finger.
Labor is productive activity for the sake of economic gain.
Lacquer is a protective coating.
Ladle is a long-handled utensil used for dipping.
Lamb is a young sheep.
Language is a body of words common to a people.
Larceny is the wrongful taking and carrying away of the personal goods of another with the intent to convert them to the taker's own use.
Laud is to praise or extol.
Laugh is to express pleasure audibly.
League is a unit of distance, usually about 3 miles.
Lectern is a stand with a slanted top, used to hold a speech or book, etc.
Lecture is a speech read or delivered before an audience.
Legible is capable of being read or deciphered with ease.
Leisure is freedom from the demands of work.
Length is the longest extent of something from end to end.
Leopard is a large, spotted cat of Asia or Africa.
Lesion is an injury; hurt; wound.
Levy is an imposing or collecting, as a tax, by force or authority.

Liaison is the contact maintained between groups to insure concerted action or cooperation.
Libelous is maliciously defamatory.
Lieutenant is a military rank.
Lightning is a brilliant electric spark discharge.
Limousine is a large, luxurious car, especially one driven by a chauffeur.
Liquor is a distilled or spiritous beverage.
Loge in a theater is the front section of the lowest balcony.
Lubricant is a substance for lessening friction.
Lucid means easily understood; completely understandable.
Luminous is radiating or reflecting light.
Lyricist is a person who writes the lyrics for a song.
Macabre is gruesome and horrifying.
Macaroni is a small tubular pasta.
Machete is a large, heavy knife used to cut underbrush or sugar cane.
Magnificent is making a splendid appearance or show.
Mahogany is a tree or a reddish-brown colour.
Maim is to cripple.
Maintenance is the act of keeping things in good order.
Malaria is a disease characterised by chills or fever, caused by the bite of a mosquito.
Malice is the desire to inflict harm on someone.
Malign is to speak harmful untruths about.
Malleable is capable of being shaped by hammering or pressure.
Manacle is a shackle for the hand; handcuffs.
Mantel is a construction framing the opening of a fireplace.
Margarine is a butter-like product made from refined vegetable oils.
Marina is a boat basin offering dockage and other service for small craft.

Maroon is a dark brownish-red.
Marriage is the social institution under which a man and woman decide to live as husband and wife by legal commitments, religious ceremonies.
Martial is inclined or disposed to war.
Martyr is a person who suffers death rather than give up religion.
Massacre is the unnecessary killing of human beings, as in a war.
Mauve is a pale bluish purple.
Mayonnaise is a thick dressing of different ingredients.
Maze is a confusing network of intercommunication paths or passages.
Meager is deficient in quantity or quality.
Mechanical is having to do with machinery.
Mediocre is of only ordinary or moderate quality.
Melancholy is a gloomy state of mind.
Memoir is a record written by a person based on personal observation.
Metaphor is a figure of speech in which a term is applied to something to which it isn't literally applicable, as in a mighty fortress is our god.
Militia is a body of citizens enrolled for military service, and called out periodically for drill.
Mirth is amusement or laughter.
Miscellaneous is of mixed character.
Mischievous is maliciously or playfully annoying.
Miscue is a mistake.
Miserable is very unhappy, uneasy or uncomfortable.
Mistletoe is a plant used in Christmas decorations.
Moccasin is a heeless shoe made entirely of soft leather.
Moderator is a person who presides over a discussion.
Modify is to alter partially, to amend.

Molasses is a thick syrup produced during the refining of sugar.
Monarch is a hereditary sovereign.
Monitor is a student appointed to assist in the conduct of a class.
Monopoly is exclusive control of a commodity of service in a particular market.
Morale is an emotional or mental condition with respect to confidence, especially in the face of hardship.
Mortgage is a conveyance of an interest in property as security for the repayment of money borrowed.
Mosquito is an insect that bites, some passing on certain diseases.
Mourn is to feel or express sorrow or grief.
Muscle is a tissue, the contraction of which produces movement.
Myriad is a very great or indefinitely great number.
Myth is a traditional or legendary story, usually concerning some being or hero, without a determinable basis of fact.
Naive means unsophisticated or ingenuous.
Nasal is of or pertaining to the nose.
Nausea is sickness in the stomach, especially when loathing food.
Necessary is being essential; indispensable.
Nectar is the secretion of a plant, which attracts insects or birds that pollinate the flower.
Nephew is a son of one's brother or sister.
Nestle is to lie close and snug.
Nicotine is an alkaloid found in tobacco and valued as an insecticide.
Noble is distinguished by rank or title.
Nocturnal is of or pertaining to the night.

Novice is a person who is new to something.
Nurture is to feed and protect.
Nutritious is providing nourishment, especially to a high degree.
Obelisk is a tapering, four-sided shaft of stone, with a pyramidal top.
Obese means very fat or overweight.
Obituary is the notice of the death of a person.
Obey is to follow the directions of someone.
Oblique means slanting; sloping.
Oblivious means unaware of.
Obvious is easily understood or recognisable.
Odious is hateful or detestable.
Ogle is to look at impertinently.
Omission is the act of omitting.
Opaque is not allowing light to pass through.
Operator is a person who runs a machine, apparatus or the like.
Orator is a public speaker.
Orchestra is a group of performers on various musical instruments.
Orchid is a flower of a plant of temperate and tropical regions.
Ordinance is a decree or command.
Outweigh is to exceed in value or influence.
Pact is an agreement, covenant or compact.
Pageant is an elaborate public spectacle.
Palace is the official residence of an exalted person.
Palate is the roof of the mouth.
Pantry is a room in which food is kept.
Papaya is a large, yellow, melon like fruit.
Paprika is a red, powdery condiment.

Paraffin is a substance used in candles or to waterproof paper.
Parallel is extending in the same direction, but never converging.
Parcel is a small package, a bundle.
Parfait is a dessert of ice cream and fruit, or ice cream and syrup.
Partial means incomplete.
Particle is a tine or very small bit.
Patience is the quality of being patient.
Patio is an area of a house used for outdoor lounging, dining, etc.
Paws are the feet of an animal having claws.
Pedal is a foot-operated lever used for various things.
Peddle is to carry things from place to place for sale.
Pedestrian is a person who goes on foot.
Peek is to look or glance quickly or furtively.
Pension is a fixed amount other than a salary paid to a person.
Perceive is to become aware of.
Perceptive is having or showing keenness of insight, understanding or intuition.
Perplex is to cause to be puzzled over what is not understood.
Personnel is a body of persons employed in an organisation or place or work.
Perturb is to disturb in mind; agitate.
Petite means short or diminutive.
Phantom is an apparition or specter.
Phase is a stage in a process of change or development.
Phrase is a series of words in grammatical construction and acting as a unit in a sentence.

Piccolo is a small flute sounding an octave higher than an ordinary flute.
Pickle is a cucumber that has been preserved in brine.
Piece is a separate or limited quantity of something.
Pizza is a flat, baked pie of Italian origin, with various ingredients and toppings.
Plague is an epidemic disease that causes high morality.
Plaque is a tablet or plate of metal, intended for use as an ornament.
Plateau is a land area having a relatively level surface considerably raised above adjoining land.
Plural pertains to more than one.
Poise is composure.
Policy is a definite course of action.
Pollute is to make foul or unclear.
Populace is the common people of a nation.
Possess is to have as belonging to one; to own.
Posterior is situated behind or at the rear of.
Potency is power or authority.
Precede is to go before.
Precinct is a district marked out for governmental purposes, or police protection.
Precious is of high price or great value.
Principal is first or highest in rank or importance.
Python is a big constricting snake.
Quartz is one of the most common minerals.
Quash is to put down or suppress.
Queer is strange or odd.
Quirk is a peculiarity.
Raccoon is an animal with a mask-like stripe across the eyes.
Racquetball is a game similar to handball, but played with a racquet.

Raise is to move to a higher position.
Ramble is to wander around in an aimless manner.
Rapport is relation or connection.
Rapture is ecstatic joy or delight.
Ravine is a narrow, steep-sided valley.
Razor is an instrument used for shaving.
Reactor is an apparatus in which a nuclear chain-reaction can be obtained.
Receipt is a written acknowledgment of having received something.
Receive is to take something into one's possession.
Recess is a temporary withdrawal from work or activity.
Recite is to repeat words from memory.
Recommend is to present as worthy of confidence or acceptance.
Reduce is to bring down to a smaller amount.
Refrigerator is a container in which items are kept cool or cold.
Refugee is a person who flees his country in time of upheaval or war.
Regular is usual or normal.
Relieve is to ease or alleviate pain, distress or anxiety.
Reservoir is a place where water is collected or stored.
Resign is to give up an office or position.
Review is going over a subject.
Rhyme is a word agreeing with another word in terminal sound.
Rhythm is movement with uniform recurrence of a beat or accent.
Ritual is a prescribed or established procedure.
Routine is a customary or usual procedure.
Rumour is a story without confirmation or certainty as to facts.

Scene is the place where some action or event occurs.
Scent is a distinctive colour.
Schedule is a plan of procedure.
Scheme is an underhand plot, intrigue.
Scholar is a learned person.
Science is a branch of knowledge or study.
Scissors is a cutting instrument.
Seize is to take hold of forcibly.
Shear is to cut something.
Sheer is transparently thin.
Shepherd is a person who tends or guards sheep.
Sheriff is the law-enforcement officer of a county.
Shield is a piece of armor worn on the arm of defensive purposes.
Siege is the act of surrounding and attacking a fortified place in such a way as to isolate it from aid or supplies.
Sigh is to let out one's breath audibly.
Sight is the power or faculty of seeing.
Sign is a token or indication.
Sincere is free of deceit or falseness.
Site is the position or location of something.
Soccer is football as it is played around the world.
Source is anything from which something comes or arises.
Souvenir is a usually inexpensive reminder of a place visited.
Spaghetti is a white, starchy pasta of Italian origin.
Stationary means standing still, not moving.
Stature is the height of a human or animal body.
Straight is without a bend or angle, not curved.
Strength is the quality or state of being strong.
Successor is a person or thing that succeeds or follows.
Suede is kid or other leather finished with a soft, nappy surface.

Superintendent is a person who oversees or directs some work.

Supervisor is a person who supervises the work done by others.

Sword is a weapon consisting of a blade and a hilt.

Tablespoonful is the amount a tablespoon can hold.

Tabloid is a newspaper whose pages are about half the size of a standard-sized newspaper.

Tackle is equipment, apparatus or gear, especially for fishing.

Tailor is a person who makes, mends or alters clothing.

Tale is a narrative that relates details or some event or incident.

Talk is to communicate by speaking.

Tantrum is a violent demonstration of rage.

Tardy means late.

Tattle is to let out secrets.

Tattoo is an indelible marking on the skin.

Tease is to irritate or provoke.

Teethe means to grow or cut teeth.

Telescope is an instrument to make distant objects appear larger.

Tension is the act of stretching or straining.

Terrace is a raised level with a vertical or sloping front or sides.

Thaw is to pass from a frozen to a liquid state.

Theme is a subject of discourse or discussion.

Thief is a person who steals.

Tight is firmly or closely fixed in place.

Tissue is as in tissue paper.

Toad is an amphibian, a close relative of the frog.

Toast is sliced bread that has been browned by heat.

Toboggan is a long, narrow, flat-bottomed sled.
Tombstone is a marker on a tomb or grave.
Tough means strong and durable.
Trample is to tread or stamp heavily.
Tricycle is a three-wheeled vehicle for children.
Typewriter is a machine to produce letters and characters on paper.
Ukulele is a small, guitar-like instrument.
Unanswerable is not capable of being answered.
Unconscious means without awareness or cognition.
Vacuum is a space entirely devoid of matter.
Vanilla is a type of flavor.
Villain is a cruelly malicious person.
Warranty is assurance.
Weigh is to determine the force of gravity on an object by using a scale.
Weird is unearthly or uncanny.
Wield is to exercise power or authority.
Yacht is a private cruising vessel.
Yolk is the yellow substance of an egg.

Grade II: Spelling Words

a lot	After	Again	Air	also
Always	animal	Another	Any	around
Ask	Away	Back	Barn	bath
Because	Been	Before	Best	better
Between	blend	Boat	Both	bright
Brother	buy	Call	cannot	child
Clean	clock	Cold	Could	count
Deep	deer	Dish	Does	don't
Dress	drip	Drive	Drop	drum
Each	eight	Eleven	End	even
Every	family	Fast	Fed	feed
Fight	first	Found	Friend	gave
Give	goat	Goes	Good	great
Grin	happy	Help	Here	high
Him	home	House	Its	jump
Just	kind	Kiss	Large	light
Line	lion	List	Little	lock
Long	look	Loud	Lunch	made
Mess	might	Most	Much	must
New	night	Nine	Now	off
Only	or	Our	Out	path
Place	plus	Pool	Put	rabbit
Read	rest	Right	Rock	said
Says	sea	Second	Seem	send
Seven	shape	Sight	Silly	sing
Sister	slid	Slip	Snack	speed
Song	soon	Sound	Stamp	state

Still	stone	Such	summer	take
Tell	their	Them	There	these
Thing	think	Ton	Too	tray
Treat	trick	Tune	Twelve	under
Upon	us	Use	Very	wash
Well	went	Where	Which	who
Why	winter	Wish	Work	would
Write	yard	Year	Yet	your

Spelling Demons

No matter our age, we all have our own unique spelling demons. You can greatly increase your own spelling skills when you:
- identify a handful of words that most often give you trouble
- memorise the correct spelling for each word, and/or
- figure out a trick to help you remember to spell them correctly

Sometimes the biggest "demons" in your own writing are NOT the words that are weird, obscure and very long. Rather, they are more frequently-used words that are easily confused with other words.

Here's our list of devilish words. We've included a brief definition of these words. You'll also see some tricks to help you remember some of them in bold.

List of Spelling Demons

accept	to receive
except	other than; *Everyone came ex**cept** Tex*.
affect	to have an influence on
effect	result; *effects of contaminated beef...*
allusion	an indirect reference
illusion	misleading belief or perception; *Her good health was only an **ill**usion. She was actually very **ill***.
altogether	entirely; completely
all together	all at the same time; ***All** of us are **together** in the car.*

Little Red Book of Spelling Bee **133**

ascent	a movement upward; *The **sc**ent of the skunk sent me running **up** the hill*
assent	Agreement
counsel	advice given to someone else, or to advise *Wise counsel **sells***
council	a group of people selected to advise others
descent	a movement downward; **de**scent - **de**cline
dissent	Disagreement
desert	to abandon, or an arid place; *Sahara desert has **just one s***
dessert	after-dinner course
elicit	to bring out
illicit	illegal; *Both **illicit** and **illegal** begin with il*
gorilla	a large primate; *Do you like **gorillas or** apes best?*
guerilla	a type of soldier
loose	not tight; *The **noose** was **loose**.*
lose	to come to be without something; *lose your keys*
quiet	making no sound
quite	completely; *That's **quite** a nice **kite**.*
straight	without a bend
strait	narrow passage of water; *I can't w**ait** to ride through the str**ait**s.*
weather	the state of the atmosphere, including temperature, wind, moisture, etc.
whether	introduces the first choice; ***Whether he** goes or stays, he must decide soon.*
which	one of a group
witch	a sorcerer; *The **wit**ch out**wit**ted the fox.*

More in the Grades

Accommodate	Abstain	accumulate
Accustomed	Acoustics	acquaintance
Acquisition	Acquittal	adolescence
Adolescent	advantageous	aerial
Amateur	Amnesty	anecdote
Annoyance	Anonymous	antecedent
Antidote	Antiseptic	anxious
Apology	Apostrophe	appendixes
Applicant	Approximate	archeology
Architect	Arrangement	asphalt
Asterisk	Asthma	awkward
Bachelor	Bankruptcy	barometer
Belligerent	Berserk	besieged
Biannual	Bimonthly	biographical
Brilliance	Budge	burglary
Cameos	capably	caricature
Catastrophe	Chameleon	chandelier
Characteristic	Chauffeur	chrysanthemum
Circumference	Collaborate	collateral
Colleague	Colonel	confiscate
Confiscation	Conscious	consequence
Considerable	Contagious	controversy
Continuous	Correlation	council
Counsel	Criticism	criticise
Critique	Crypt	cylinder
Deficiency	Desirable	desolate
Deterrent	Diagnosis	dialogue
Dilemma	Disbursement	discernible
Discrepancy	Dominance	embargo
Endeavour	Envious	epidemic

Equilibrium	Erroneous	escalator
Excessive	Existence	extremity
Extricate	Façade	fashionable
Fiasco	Fibrous	fiery
Flamboyant	Forgery	frivolous
Frostbitten	Glamorous	gorgeous
Grotesque	Gymnasium	haphazard
Hazardous	Headquarters	honorary
Horrific	Hospitality	incidentally
Inconvenience	Indulgence	inept
Inevitable	Innumerable	insistent
Insufficient	Integrity	intermittent
Internally	Interrogate	jewellery
Legitimate	Leisure	lieutenant
Longevity	Lucrative	lunar
Luncheon	Luxurious	malady
Malicious	Malignant	melodious
Mercenary	Mesmerize	meteor
Meticulous	Metropolitan	minimise
Miscellaneous	Mischievous	misdemeanor
Necessity	Negligence	neutral
Newsstand	Nostalgia	noticeable
Obesity	Obscure	obsolete
Obstinate	Occurred	ominous
Optimism	Optimistic	outrageous
Pageant	Parachute	paralysis
Parliament	Penitentiary	perceive
Permeate	Perseverance	personality
Personification	Persuade	phenomenon
Plaintiff	Pneumonia	politician
Potential	Precipice	precocious
Predecessor	Preferably	prestigious

Procrastinate	Propeller	prosperous
Protein	Pseudonym	psychiatrist
Questionnaire	Radioactive	rampage
Recurrent	Rehearsal	relevant
Religious	Roommate	sacrifice
Sacrificial	Sanctuary	scandalized
Schedule	Scheme	schism
Scholar	Semester	serviceable
Shrine	Shuddering	sieve
Snobbery	Solitary	sophomore
Studious	Subtlety	suburban
Surmise	Susceptible	suspicious
Taboo	Technically	technology
Tyranny	unacceptable	unconscious
Undernourished	Unduly	unenforceable
Unique	Universal	unpredictable
Unsanitary	Utopia	vaccinate
Vacillate	Venom	vertigo
Vessel	Vigilant	villain
Vitamin	Vivacious	vocalise
Voracious	Voucher	vulnerable

Hard Spelling Words

Admittance	Beginning	Committed	Compelling
Conference	Controllable	Deference	Deferred
Difference	Different	Edited	Entering
Equipped	Excellent	Forgettable	Forgotten
Formatting	Happened	Inference	Labelled
Numbered	Occurrence	Occurring	Panicking
Picnicking	Piloted	Planned	Preference
Profiting	Propelled	Reference	Referring

| Regrettable | Shovelling | Stoppable | Submitted |
| Suffered | Suffering | Transferred | Transmitter |

Here are more spelling words that are hard because of silent first letters:

Aisle	Czar	Gnat	Gnome
Heir	Herbivore	Knight	Knob
Knock	Knowledge	Mnemonic	Physical
Physics	Pneumatic	Pneumonia	Psalm
Pseudonym	Psoriasis	Psychiatrist	Psychosis
Pterodactyl	Tsunami	Whose	Wreath
Wrestle	Wrinkle		

Frequently Misspelled Words

Absence	Excellent	Pneumonia
Accidentally	Excitement	Possess
Accommodate	Experience	Practically
Achieve	Familiar	Preferred
Acquaintance	Fascinate	Privilege
Against	Favourite	Probably
A lot	February	Raspberry
Already	Finally	Realise
Argument	Foreign	Receive
Attendance	Friend	Recommend
Because	Government	Remember
Beginning	Grammar	Restaurant
Believe	Guarantee	Rhythm
Business	Height	Ridiculous
Calendar	Immediately	Schedule
Cemetery	Independent	Scissors
Chief	Instead	Separate
Committee	Interrupt	Similar

Conscience	Judgment	Sincerely
Convenience	Leisure	Straight
Courageous	Library	Strengthen
Criticise	Lightning	Studying
Decision	Lonely	Summarise
Definitely	Lying	Surprise
Desperately	Millionaire	Thorough
Dictionary	Mischievous	Tomorrow
Different	Necessary	Truly
Disease	Niece	Until
Doesn't	Noticeable	Vacuum
Embarrass	Occasion	Vegetable
Enough	Occurred	Wednesday
Environment	Opposite	Weight
Especially	Particular	Weird
Exaggerate	Physical	Yacht